# MONTAIGNE,
# KANT
# ET
# MON CHIEN

À toutes ces *âmes respectables*
que sont les chiens.
À ceux qui comblent leur maître
et ont la chance de connaître
une vie heureuse,
Mais aussi et surtout à ceux
qui sont maltraités, abandonnés,
Et à tous ceux qui attendent,
dans les refuges.

# Avant-propos
# LA RENCONTRE

Deux grands yeux noirs et des oreilles qui ressemblaient à des couettes. Je me souviendrai toute ma vie du moment où je l'ai vue, où l'on s'est choisies. Elle était mal en point, aussi maigre que sale. C'était un chiot, abandonné dans un carton, avec un mâle, visiblement de la même portée. Le carton avait été posé devant une animalerie de quartier. Nous étions à Mendoza, l'une des grandes villes de l'ouest de l'Argentine, perdue au milieu du désert, avec la cordillère des Andes pour horizon et un ciel bleu turquoise toute l'année. Les deux chiots étaient bien mal partis. Je me rappelle que je voulais un chien mâle. L'employé de l'animalerie, dubitatif sur ses chances de survie, me dit d'attendre le lendemain. Malgré ses efforts, le petit chiot ne survécut pas. Alors, il restait la femelle. Et c'est ainsi que Comédie est entrée dans ma vie, presque par défaut. Je l'ai tout de suite aimée, presque comme cette sensation que décrivent les parents d'un nouveau-né. Un rêve d'enfant se concrétisait : depuis toute petite, comme beaucoup d'enfants, je voulais un chien, et n'avais eu de cesse d'entendre mes parents me répéter le fameux « quand tu seras grande et indépendante ». Enfin je l'étais : j'avais vingt-deux ans désormais et un métier. Après quelques mois de salaire et de stabilité financière, certains achètent une voiture, s'offrent des biens matériels qu'ils lorgnaient depuis longtemps. Ma première décision allant dans ce sens était très arrêtée : avoir un chien et en choisir un surtout mal parti dans la vie et abandonné. Chiot maigre, d'à peine huit semaines, plein de parasites et claudicant, Comédie cochait tous les critères. Et c'est pour cela que je lui choisis ce nom-là : parce que sa vie commençait bien mal mais que la suite se ferait dans la joie.

La rencontre avec son chien ne s'oublie pas. Elle tient du hasard, de la chance, un peu de la magie. Pourquoi l'a-t-on choisi ? Pourquoi lui ? À moins que ce ne soit lui qui vous choisisse. Il serait possible de parler de « coup de foudre adoptif » ou de « coup de foudre amical ». Cette rencontre entre un chien et son futur maître ne tient parfois qu'à un fil. Aujourd'hui, je me dis que le petit chiot qui n'a pas survécu m'a permis de rencontrer celle qui fut pendant plus de treize ans ma meilleure confidente et, de loin, ma plus grande amie. « Parce que c'était *elle*, parce que c'était moi », pour paraphraser Montaigne évoquant son amitié avec La Boétie.

Aujourd'hui, alors qu'elle est partie, j'aimerais partager avec vous tout ce que cette chienne m'a appris et, osons la formulation, pourquoi elle m'a rendue meilleure. Un chien entre dans votre vie et vous accompagne pour une partie de celle-ci. Le lien qui unit un humain à son chien est indéfectible, indescriptible, presque charnel. La philosophe américaine Donna Haraway discute ainsi le terme d'animal de compagnie, invitant à réfléchir sur le fait que nous sommes aussi des humains de compagnie[1]. La complicité qui se tisse, la compréhension par-delà le langage, les habitudes qui s'entremêlent, font que notre chien devient une partie de nous-mêmes, et que, lorsqu'il s'en va, il l'emporte aussi avec lui.

Les chiens nous sont fidèles jusqu'à la mort, et, leur longévité les y condamnant naturellement avant nous, il faut aussi se préparer à cette épreuve, car c'en est une. Si le chagrin est immense et le vide indicible, il faut pourtant se réjouir d'avoir eu la chance de partager ces années avec son animal. Et voir, après leur départ, tout ce que le chien nous a laissé, et tout ce qu'il nous a appris.

Je vous souhaite de connaître cette relation unique et de considérer tout ce que votre chien peut vous enseigner ainsi que son principal tour de force : ce que le chien vous enseigne passe inaperçu, de sorte que vous ignorez même ce que vous apprenez grâce à lui. Ce n'est qu'une fois qu'il s'en est allé que vous vous retournez sur ce chemin parcouru et avez alors envie de le remercier.

1. *Manifeste des espèces compagnes*, Flammarion, « Climats », 2019.

# PERCEVOIR UN AUTRE MONDE

Grâce au chien nous envisageons notre quotidien sous une autre perspective : le chien nous incite à *re*voir notre mode de vie au sens littéral du terme. Voir autrement, changer de lunettes, pour finalement mieux vivre.

> « Il n'est au monde qu'une seule chose que l'or ne puisse acheter… les battements joyeux et spontanés de la queue d'un chien. »
>
> Henry Wheeler Shaw, dit Josh Billings

## S'ENGAGER

La première vertu du chien est sans doute la plus pragmatique. Avec lui, impossible d'oublier les horaires, de ne pas servir les croquettes, de négliger ses sorties. La vie du chien est bien plus rythmée et dépendante de la nôtre que celle du chat, et c'est peut-être là une qualité que l'on a souvent négligée.

Avoir un chien est pour cela souvent synonyme de contrainte. C'est juste : la contrainte est quotidienne et s'étendra aussi longtemps que le chien vivra. Les propriétaires de chats préfèrent d'ailleurs parfois ces derniers pour cette raison : le chat vit sa vie, il peut même rester seul au domicile un week-end entier pourvu qu'il ait de la nourriture et une litière. Là où le chien nous enchaînerait à des contraintes, le chat semblerait nous en libérer.

Pourtant, il s'agit bien là d'une vertu ignorée. Vivre avec un chien présuppose que vous ayez bien conscience que vous n'échapperez pas à ses nombreuses promenades quotidiennes, d'autant plus si vous vivez en ville.

De ce constat découlent deux aspects que peu de futurs maîtres anticipent : d'une part, vos horaires quotidiens à l'extérieur du domicile devront tenir compte de ces sorties, raccourcissant parfois vos possibilités de rester absent, d'autre part, vos escapades plus longues devront être prévues et organisées soit pour emmener votre chien avec vous, soit pour le faire garder. Dès lors, pesons les mots : votre vie va changer.

Quelque part, le chien vous force à quitter l'insouciance du temps, l'adolescence de la durée : bien qu'il ne s'agisse pas encore des horaires et des gardes liés à un enfant, le chien, subrepticement, vous fait basculer dans un monde adulte, où le temps ne s'étale plus devant vous de manière infinie ou inconsidérée.

Enchaîner une journée de travail et une soirée jusqu'au bout de la nuit devient impossible : vous devrez repasser chez vous pour sortir votre chien. De même, concevoir un lever au dernier moment avec une vingtaine de minutes pour se préparer avant de filer n'est plus envisageable :

la sortie du chien est, quoi qu'il arrive, toujours à prévoir le matin. Les week-ends à l'improviste, les vacances planifiées tardivement vous font courir le risque de ne pas trouver de solution de garde ou d'hébergement qui acceptent votre chien, surtout à la dernière minute.

Si ces remarques tombent sous le sens, on mesure moins leur importance et le changement radical de mode de vie qu'elles impliquent. Avec le chien, une nouvelle ère commence : celle où le temps s'organise et doit être pensé.

C'est grâce à ma chienne que mes journées ont pris un autre rythme. Je ne pouvais plus traîner au lit le matin sans culpabiliser, sachant qu'elle m'attendait pour sortir et faire ses besoins. Inconcevable aussi de la laisser une journée entière seule : mon conjoint et moi nous sommes toujours organisés pour que quelqu'un soit là en milieu de journée et la sorte.

Heureusement pour nous, nous n'avons jamais eu des horaires de bureau tous les deux simultanément. Imposer à un animal de se retenir neuf à dix heures de suite et à nous attendre toute la journée ne correspondait pas à la vision que nous avions de l'épanouissement d'un chien, et d'autant plus d'un chien de berger. Nous avons alors tout fait pour nous adapter à son rythme et lui rendre la vie aussi agréable que cet animal rendait la nôtre joyeuse.

L'organisation du temps, celle des journées ou des vacances, celle des matins ou des absences, vous pousse alors à sortir de votre égoïsme : subitement, avec l'entrée d'un chien dans votre vie, le temps n'est plus uniquement le vôtre. Le rythme n'est plus dicté par vos besoins ou vos envies soudaines. Un être, très différent et très dépendant de vous, vous enjoint à prévoir et vous responsabilise.

C'est en ce sens que, littéralement, on *répond de* son chien : nous sommes maîtres de son temps, tout comme lui dicte aussi le nôtre, et nous découvrons alors ce que le devoir signifie.

En vous privant d'une certaine liberté, et en vous imposant un autre rapport au temps, le chien vous offre l'enseignement le plus fondamental de la vie d'adulte responsable : votre devoir doit vous permettre de ne plus vivre les contraintes comme de douloureuses privations, mais bien d'en comprendre le sens et de saisir ce que sont les obligations.

C'est ainsi que sortir ma chienne aux aurores, avant de se coucher le soir, sous la pluie, en plein hiver, dans le froid, ou simplement quand je n'en avais pas envie, n'a jamais été une contrainte. Assez rapidement, on comprend que l'on remplit un devoir, et qu'il s'agit simplement de la part de soin minimal que l'on se doit d'assurer à son animal. Toutes nos sorties, même les plus contrariantes dans mon agenda, ont été l'occasion de réfléchir à cela : assumer le choix que j'avais fait, celui de vivre avec un compagnon qui dépendait de moi. Et en agissant par devoir, on sort progressivement de ses envies et de ses caprices, pour considérer autrui comme prévalant sur son petit intérêt individuel. Quelque part, les chiens nous donnent un avant-goût de la parentalité. Ils nous permettent en tout cas de réfréner nos désirs pour assumer et honorer nos obligations, et par là même, notre liberté.

« Un bébé et sa maman... Et là, un chien et une maman chien », dit un matin une petite fille à sa mère, en commentant les passants et en me montrant du doigt. Elle avait bien vu : j'étais devenue une « maman chien ».

Celle qui prend soin d'un autre, au détriment parfois de son envie du moment, mais qui est heureuse de le faire. Lorsque vous verrez des maîtres qui promènent leur chien, ou lorsque vous promènerez le vôtre, pensez alors à cette conception du devoir qui nous permet, non pas d'accepter les contraintes, mais d'aimer les obligations. Cela nous aide au quotidien, tout comme dans notre relation à autrui.

Lorsque j'ai annoncé à mes parents que j'avais adopté un chien, ils n'ont pu freiner leur agacement : « Alors que tu étais libre ! » En effet, j'avais vingt-deux ans et tout à vivre, tout à construire. Mais en décidant de faire l'expérience des années à venir avec la présence de ma chienne, je venais surtout d'affirmer ma liberté, au sens existentialiste.

En choisissant je me définissais en même temps que les contours que je souhaitais donner aux prochaines années. Elles auraient le son d'aboiements, le rythme des sorties, l'odeur du chien, le réconfort de sa présence. Sartre explique qu'aucune essence ne nous détermine : ce sont nos actes qui fondent qui nous sommes et expriment par là même notre liberté. Ainsi nous n'avons pas d'excuses : nous sommes absolument libres de nos choix, de nos actes, qui sont justement l'expression de cette liberté.

En choisissant la vie avec ma chienne, j'ai vite compris que je ne renonçais pas à la liberté, mais qu'au contraire je l'affirmais. Et que par cet acte, aussi, je me définissais. J'ai fait le choix de la vie avec un chien, aussi longtemps que celui-ci vivrait. Et c'est bien l'engagement qui résonne pour Sartre comme une expression forte de notre liberté : s'engager revient à se prononcer, et à faire usage de sa liberté.

Et quelque part j'avais la farouche intuition que je vivrais mieux les années qui s'ouvraient face à moi avec un chien que sans. Faire le choix de la vie avec un chien ne saurait se résumer au choix de la contrainte : c'est souvent la vision de l'entourage, de l'extérieur, de ceux qui n'ont pas fait ce choix, justement. Au contraire, j'ai toujours vu dans cette décision un acte qui m'engageait complètement, pour une durée que je peinais à me représenter, à m'en donner le tournis. « Que serai-je devenue quand Comédie aura douze ans ? » me demandais-je alors. Le choix du chien, c'est celui qui fait que l'on use de sa liberté justement, celle de choisir l'engagement, la responsabilité, et surtout le choix de l'inconnu pour au moins une bonne dizaine d'années.

## Une expérience inédite de la sociabilité

À l'expérience quotidienne des sorties canines, et du temps à compter, à prévoir, il faut ajouter un deuxième enseignement que l'on tire assez vite de la vie avec son chien. Quand on est en sa présence, beaucoup de choses changent.

Un sondage[1] mentionne le fait qu'il est plus aisé de se faire aborder dans la rue en présence de son chien,

1. Sondage réalisé en 2018 par le site Toutpourlechien.com : « Selon ce sondage, 78 % des répondants propriétaires d'un chien affirment parvenir à rencontrer plus de monde grâce à leur chien, et notamment les relations amicales (77 %). Pour quelles raisons ? Les chiens permettent notamment d'ouvrir la discussion, de briser la glace plus facilement et par conséquent créent des liens sociaux. Le chien attire l'attention, bien plus que le maître lui-même. Les chiens ont enfin moins de barrières

qu'il facilite le contact, la petite discussion, suscite facilement la sympathie, la remarque ou la question qui permet l'amorce d'une conversation. C'est une réalité que j'ai rapidement constatée.

Grâce à votre chien, les gens se mettent à vous parler. Peut-être parce que le chien sert de prétexte, de support, pour trouver quelque chose à dire. Souvent, par exemple, on me demandait quelle était la race de ma chienne. Je m'étonnais de l'intérêt aussi vif de toute une population pour cette question, qui ne m'avait pas effleuré l'esprit quand j'avais adopté ma chienne. Mais une autre raison est sans doute plus profonde : vous vous occupez d'un chien, vous prenez en charge ses besoins, donc vous êtes sympa. Les maîtres sont inconsciemment supposés être des personnes sympas et préjugées plus actives. Ainsi, le chien est même un outil de drague avéré : selon un sondage mené par le site de rencontres eDarling[1] auprès de 1 847 célibataires, 66 % des personnes interrogées confirment que le chien favorise les rencontres. Et bien entendu parce que le chien vous fait sortir : en multipliant les moments en dehors de chez vous, vous multipliez statistiquement les occasions de rencontre.

Et si, en outre, votre chien est beau ou drôle, alors là, vous faites carton plein. Le chien attire aussi les enfants, qui veulent s'approcher, le caresser, lui parler, vous posent des questions. Et avec les enfants viennent les parents. Durant toutes nos promenades quotidiennes, j'ai ainsi rencontré un nombre incalculable de personnes, de voisins,

---

sociales que nous les humains et hésitent moins à aller à la rencontre des autres. »

1. Données fournies anonymement par 1 847 célibataires inscrits sur eDarling. Moyenne d'âge : 50 ans. 35 % d'hommes, 65 % de femmes.

de commerçants, le chien facilitant toujours le contact, le sourire, l'étonnement.

Il m'est arrivé de prendre à de nombreuses reprises le métro avec ma chienne : je n'ai jamais connu alors de trajets aussi agréables. Le wagon était tout sourire, plongé dans un état de niaiserie avancée, chacun y allant de ses demandes et de ses questions, les gens, habituellement muets et rivés sur leur portable, se mettant contre toute attente à échanger aussi entre eux. Au moment de quitter le wagon, la plupart nous faisaient signe, comme si nous avions partagé un long voyage ensemble. Expérience étonnante qui souligne à quel point la seule présence du chien peut faire ressortir les traits les plus agréables et conviviaux de l'humanité.

Pourtant, à l'opposé de cette attitude quotidienne, le chien vous permet aussi de faire l'expérience inverse : celle du rejet. C'est le taxi qui refuse de vous prendre, le passager de train à côté de vous qui ne supporte pas la présence de votre chien, alors que vous avez bien payé 50 % du prix du billet pour lui comme il se doit mais qu'il n'a aucun espace, à part sous vos pieds, ce sont les hôtels, les restaurants, les magasins, les lieux touristiques, les locations de vacances qui refusent vos réservations si vous avez un chien.

Si leurs motivations sont compréhensibles, et souvent liées au bruit et aux poils que les chiens apportent avec eux, les restrictions sont nombreuses et un séjour de vacances peut vite devenir d'une grande complexité, d'autant plus si, comme moi, vous avez un grand chien. L'ordre des recherches est bouleversé : on commence d'abord par trouver des lieux autorisant les chiens, des moyens de locomotion les acceptant, car si les chiens peuvent voyager en train et en avion, ils ne sont jamais autorisés sur les lignes de cars ou dans les taxis... Le maître allant avec son chien, c'est une pléthore de lieux qui vous sont fermés ou interdits avec votre chien. Et c'est là où avoir un chien s'avère bien plus compliqué qu'avoir un enfant ou un bébé, et que l'on ne mesure pas forcément cette difficulté.

Durant dix ans, j'ai vécu avec une chienne et sans voiture, devant ruser pour voyager, trouvant des solutions, ou réussissant à faire garder ma chienne par mes parents ou des personnes de confiance que je rémunérais.

L'organisation des voyages devient importante, parfois chronophage, même si l'on parvient rapidement à savoir vers quelle structure ou quelle solution se tourner. Les voyages en train se passaient bien, mais les cars n'acceptant pas les chiens, il m'était impossible de rejoindre tout un tas de destinations qui ne comptaient pas directement une gare en leur centre-ville. Le covoiturage s'est alors souvent imposé, et le logo « chien accepté » devint rapidement synonyme de félicité pour moi. Là encore, les liens et les conversations se tissent plus vite lorsque vous voyagez avec votre compagnon à quatre pattes. Cela en devient presque une science exacte.

Mais en voyageant avec ma chienne, j'ai aussi souvent eu l'impression de voyager avec un handicap. L'analogie ne vaut pas pour la lourdeur du handicap mais bien en termes d'accès limités et de complexité accrue. Surtout, on pense d'abord à cela, avant de penser à soi ou à ses envies. « Mon chien est-il accepté ? » devient alors la première question que l'on pose. Mais au travers de cette difficulté, j'ai appris trois enseignements importants.

D'abord, bien sûr, l'expérience du rejet. Ce qui fait qu'on vous ferme la porte. Il ne s'agit pas d'une caricature, mais d'un constat. Le dilemme est alors posé : soit vous y allez seul, soit vous tenez à voyager avec votre chien et vous n'y allez pas. Certaines envies, certains désirs sont forcément contrariés, mais la relation qui se tisse peu à peu avec votre compagnon les vaut largement.

Ensuite, j'ai considérablement appris à m'adapter à tout, tout le temps. Le voyage avec un chien force votre capacité d'adaptation car vous devez anticiper des situations ou des besoins qui ne sont pas les vôtres et qui s'avèrent souvent dérangeants pour les autres personnes. Pour faire passer la présence de son chien, on devient aussi plus cordial, comme pour s'excuser de la gêne occasionnée par sa présence.

Enfin, j'ai appris à voyager léger : lorsque vous avez une main prise par la laisse, vous optez pour le sac à dos unique et vous voilà en route. En opérant tous ces changements, ma chienne m'a appris à considérer l'essentiel dans mes voyages : où voulais-je aller et pourquoi ? À quoi tenais-je plus que tout ? Qu'est-ce qui méritait que je m'en soucie ou pas ? Qu'est-ce qui était essentiel à prévoir ? Que fallait-il emporter avec soi ? Mon sens pratique et organisationnel s'est considérablement développé grâce à ma chienne, et, qui plus est, à mon insu. Surtout, j'ai vu mes congénères se transformer en sa présence, comme si le chien exacerbait malgré lui les traits d'une personne, agissant comme un révélateur photographique de notre manière d'être. Aimable, joyeux, curieux, geignard, mécontent, aigri, hygiéniste, solitaire, esseulé, pressé... ces aspects d'ordinaire tus ou réservés aux proches se distinguaient subitement chez des inconnus par la présence du chien.

Le chien donne alors une curieuse illustration de l'insociable sociabilité de l'homme, évoquée par Kant dans *Idée d'une histoire universelle d'un point de vue cosmopolitique.* L'homme est avant tout sociable et tend à s'associer avec l'autre : c'est bien ce que nous prouvent toutes les rencontres favorisées par la présence du chien, ou les dialogues agréables et bienveillants qu'il suscite. Mais son rejet, dans certains lieux, ou certains contextes, met en avant au contraire des désirs d'être en paix, de ne pas être contrarié ou dérangé par sa présence : des désirs égoïstes à la source de l'insociabilité. On ne peut concevoir de vivre sans autrui, parce que nous restons des êtres grégaires, mais nous avons pourtant bien du mal à nous supporter. Telle est notre insociable sociabilité. Il m'a toujours semblé que le chien exacerbait alors ce penchant, agissant comme un révélateur de notre condition et de notre ambivalence humaines.

## Routine, répétition, recommencement

Le chien vous ancre rapidement dans une routine, avec ce que cela induit de pesant. D'abord celle des sorties : matin, midi, fin d'après-midi, et avant de se coucher. Ensuite celle des repas. Les miens n'étaient pas forcément structurés, à horaires variables, avant que je vive avec ma chienne. Surtout, le chien aime les habitudes, les vôtres, et prend très vite des marques et des repères qui fondent un certain amour du quotidien, que pour ma part je ne connaissais pas.

La routine s'oppose à l'aventure, à l'adrénaline, la surprise, l'exceptionnel, l'évènement : alors que j'aime le funambulisme des jours où rien n'est inscrit ni prévu, le chien habite une autre temporalité, rythmée par des petites habitudes, des lieux où il aime aller, ou même chez vous, où il aime s'installer. Avec le chien, on se surprend alors à prendre des plis nouveaux. Lorsque j'écrivais à mon bureau, ma chienne venait s'installer à mes pieds, sous celui-ci, peu importe l'amas de câbles qui y était présent. Avec mon compagnon nous l'avions alors surnommée « la chienne des câbles », comme si elle recherchait leur présence électrique. Lorsque je regardais la télévision, elle venait sur le canapé près de moi, posant sa tête sur l'accoudoir, souvent après un soupir de satisfaction. En me suivant de pièce en pièce, elle inscrivait dans le territoire de l'habitat des bruits, des rituels et des positions qui me firent aimer ces routines nouvelles à deux.

Loin de fuir le quotidien, je commençai alors à le trouver joyeux et rassurant. Nos sorties quotidiennes me permettaient de humer l'air du temps, de sentir la météo, d'observer la vie du quartier, de regarder, enfin, ces gens pris dans leur vie, et que d'habitude je n'apercevais même pas.

La routine ne nous écrase pas, elle nous donne des repères et nous offre un cadre dans lequel agir, penser, créer, construire. Alors que je la fuyais, ma chienne m'a appris à l'aimer et à l'accepter. Les lieux de nos balades devinrent des lieux familiers, alors qu'avant, parfois, j'en ignorais même l'existence.

À travers la cohabitation avec son chien, on prend progressivement conscience de tout un pan du réel que l'on ne connaissait pas et qui, pourtant, était bien là. La vie courante, celle qu'on ne prend plus le temps de contempler, l'urbanisme proche et familier, celui sur lequel nos yeux ne s'étaient jamais posés, deviennent alors source de curiosité, d'attention, ou même de réflexion. « Je n'avais jamais vu cette maison, ce balcon, ni même connu l'existence de ce raccourci dans le quartier, par lequel ma chienne m'a emmenée », pouvais-je parfois me dire. C'est alors un peu comme si, par son insouciance pleine de spontanéité, le chien nous montrait notre vie telle que nous ne l'avions jamais vue. Avec de nouvelles lunettes.

Alors le chien devient un philosophe de l'habitude, vous révélant un autre visage de celle-ci, pour la vivre radicalement différemment. Selon le philosophe Henri Bergson, l'habitude reste une mécanique, une action conduite par des automatismes et non par notre réflexion. Il explique ainsi qu'il s'agit d'un « résidu fossilisé d'une activité spirituelle » (*La Vie et l'œuvre de Ravaisson*, 1904). Quelque part, nous délaissons une action volontaire, qui a été volontaire à son origine, pour en faire une action automatique, laissant peu de place à la liberté, au choix. Le machinal de l'habitude nous rendrait insensibles à ce que l'on fait, exécutant des tâches presque inconsciemment. Par l'habitude nous sommes agis bien plus qu'agissants.

Mais le chien nous sort précisément de cette conception. L'habitude, si elle reste prévisible et régulière dans ses horaires et ses fonctions, est souvent source de surprises, d'imprévus, et nous permet de porter un nouveau regard sur notre emploi du temps. Ce n'est pas parce que c'est une habitude qu'elle nous empêche de réfléchir, de s'étonner, ou de s'émerveiller. Au contraire, ma chienne m'a appris qu'au travers des habitudes qui jalonnaient nos journées tout était possible : les rencontres, les nouveautés, les découvertes. Paradoxalement, il s'agissait de sortir des sentiers battus et remplacer le « à quoi bon ? » par le « pourquoi pas ? ». Tomber sur une connaissance dans la rue, être témoin d'un évènement, rencontrer un voisin et apprendre de lui des informations pratiques que nous n'aurions pas connues sinon, découvrir une promotion dans une vitrine qui nous intéresse : des choses de la vie qui peuvent sembler dérisoires mais qui changent parfois un projet, qui permettent de fixer un rendez-vous, de revoir un ami, ou d'envisager une idée à laquelle nous n'aurions pas pensé sinon. Avec ma chienne, mes habitudes ont revêtu une nouvelle couleur : elles ont cessé d'être ternes pour devenir pleines de joie et synonymes d'ouverture aux possibles. Il ne s'agissait pas de répéter les mêmes actions aux mêmes heures, mais bien de comprendre que tout était recommencement et que celui-ci fondait même l'essence de notre vie.

« Celui qui ne comprend pas que la vie est répétition, et qu'elle représente la beauté même de la vie, ne mérite pas mieux que le sort qui l'attend, c'est-à-dire périr », écrit Kierkegaard dans son ouvrage *La Répétition*. « Quand on a fait le tour de l'existence, alors se révèle, si on a le courage de le comprendre, que la vie est une répétition et qu'il convient de s'en réjouir. Qui n'aura pas accompli cette démarche avant de commencer à vivre, ne parviendra jamais à vivre ; celui qui en fit le tour mais s'en est trouvé repu, était doté d'une mauvaise constitution. En revanche, celui qui a choisi la répétition vit vraiment. » À mon comportement enfantin recherchant partout la nouveauté pour éviter de me lasser, courant après les changements pour ne jamais me contenter de ce que j'avais, s'opposait la répétition de ma chienne, celle qui ancre dans un vécu où l'on aime ce qui est là et où l'on approfondit ce que l'on avait jusqu'à présent à peine regardé.

En septembre 2008, je dus me résoudre à quitter l'Argentine, où je résidais avec mon compagnon et Comédie. Notre vie à trois, pendant un an, à Mendoza, fut d'un bonheur absolu tissé d'insouciance et d'un cadre de vie fait d'espace et de soleil. Alors que Comédie était un chiot, elle réussissait à se glisser, à plat ventre, dans l'espace bien mince entre le sol et le portail en fer de notre maison, pour nous suivre dans la rue lorsqu'on sortait sans elle. Dès que l'on s'en apercevait, nous la ramenions alors à la maison, mais cette fois-ci à l'intérieur. Comme elle avait compris qu'elle devait passer inaperçue pour nous suivre, un jour, quelle ne fut pas notre surprise de la voir, figée sur le trottoir à côté de nous, à l'arrêt de bus, comme si de rien n'était ! Elle nous avait suivis en toute discrétion pendant au moins trois cents mètres... À Mendoza, les chiens errants étaient légion et ils avaient appris à traverser en évitant les voitures, tout comme les voitures s'étaient habituées à les contourner : notre chiot avait dû bénéficier de cet avantage pour nous rejoindre jusqu'à l'arrêt de bus sans se faire écraser. Mais son ingéniosité, heureusement, nous incita à ne plus la laisser hors de la maison, dans le patio, lorsque nous partions.

La perspective de rentrer en France ne me réjouissait absolument pas : je revenais en traînant les pieds, la voix de la raison semblant avoir gagné. J'adorais ma vie et mon métier de journaliste en Argentine, que je devais quitter pour terminer mes études à Paris et être diplômée. L'organisation du retour à Paris avec ma chienne fut un des labyrinthes administratifs les plus kafkaïens que je vécus, car il s'agissait bien d'importer un animal sur le territoire français. Puce électronique implantée, passeport européen créé, attestations traduites, je dus aller jusqu'à solliciter le ministère de l'Agriculture argentin pour tout un tas de certificats. Puis, il y eut la partie logistique : prévoir un billet d'avion pour elle, évidemment, mais surtout rejoindre l'aéroport de Santiago du Chili en voiture depuis Mendoza, où nous résidions, de l'autre côté des Andes, avec la gigantesque cage de transport aérien du chien, arrimée sur le toit de la voiture avec une pléthore de cordes et une prise au vent improbable. « On dirait des gitans », me glissa mon compagnon en constatant d'un air dubitatif le véhicule. Surtout, nous avions dû trouver une bonne âme pour nous emmener en voiture jusqu'à l'aéroport de Santiago du Chili : un ami de mon conjoint se prêta au jeu de l'expédition.

Et c'est avec trois ans d'expatriation compressés en bagages, ma chienne, sa cage géante, ses sédatifs et beaucoup de larmes, que je quittais l'Argentine. Paris m'accueillit avec la pluie et un retour à une vie d'étudiante que je pris comme un uppercut, après avoir goûté à la liberté ensoleillée de la vie professionnelle en Argentine. L'automne 2008 fut sombre, non seulement par le choc culturel et météorologique du retour, mais aussi parce que mon compagnon avait dû rester là-bas le temps d'obtenir un visa. Je me sentais bien seule, et soyons clairs : heureusement que Comédie était là pour me tenir compagnie. Les rues parisiennes, grises, bétonnées et verticales n'avaient rien à voir avec celles de Mendoza, larges, faites de petites maisons colorées et basses, où le ciel envahit notre panorama visuel. Les sons avaient changé : au trot des carrioles en tout genre et aux cris des vendeurs ambulants s'était substitué le vacarme des voitures et des klaxons. Comédie découvrit un tout autre type de rues et de promenades de quartier, et surtout la laisse, qu'on lui avait peu mise auparavant.

C'est à ce moment que la balade au Bois de 17 heures devint un rituel qui me sortit la tête de l'eau. Mon emploi du temps me permettait, par chance, d'honorer pratiquement tous les jours ce rendez-vous avec ma chienne : à 17 heures nous allions au bois de Boulogne, à l'orée du bois près de la porte Maillot, là où passe un petit train qui rejoint le Jardin d'acclimatation. J'y rencontrais un groupe de propriétaires de chiens qui s'y réunissaient chaque jour, principalement des retraités et des célibataires, avec leur chien. La joyeuse farandole canine se connaissait bien et Comédie découvrit de nouveaux acolytes.

La sortie de 17 heures, inflexible, devint alors un rendez-vous avec moi-même. Je l'intitulai rapidement « la balade de Kant », car le génie de la philosophie était connu pour l'immuabilité de son emploi du temps et l'heure fixe de sa promenade quotidienne, à laquelle il ne dérogea *a priori* que deux fois : pour se procurer le *Contrat social* de Rousseau en 1762 et pour acheter le journal suite à l'annonce de la Révolution française. Kant semblait raffoler de la répétition de ses tâches et de la prévisibilité de ses journées, et l'on peut légitimement s'interroger sur la pertinence de la routine dans le déploiement de la pensée, dans l'approfondissement de la réflexion. N'étant plus dérangé par la gestion d'imprévus ou la sollicitation de nouveautés, l'esprit est libéré de ce travail superficiel et peut se consacrer à des pensées dignes d'intérêt. N'ayant plus à me préoccuper de ce qui se passerait de telle heure à telle heure, ni de savoir où aller, la fixité de notre balade kantienne, à 17 heures, me permit bien souvent de réfléchir en marchant avec ma chienne et d'embrasser pleinement ce recommencement. Les associations d'idées, le recul, les rêveries arrivaient dans cet espace encadré. « Au cours des grandes périodes récentes de notre modernité, celles annonciatrices de futurs enchanteurs, il y a toujours eu de rares philosophes marcheurs qui, rythmant leurs pensées sur leurs pas, loin des villes, ont repensé les concepts de contrat social et de contrat naturel à l'instar de Rousseau, Thoreau, Serres », souligne le paléoanthropologue Pascal Picq dans *La Marche*[1]. Ma chienne ne me cadrait pas qu'avec son heure et son circuit de promenade, mais aussi dans la démarche. J'en étais convaincue : la marche favorisait la pensée. Prendre l'air, bien sûr, mettre son corps en mouvement avaient de quoi aérer et stimuler l'esprit.

L'automne 2008 s'opposait en tout point au printemps de la même année : changement d'hémisphère, de statut, de rythmes, j'avais troqué la vie de couple pour la vie solitaire, mes collègues argentins me manquaient, mes études ne me plaisaient pas et ma chienne était mon seul soutien. À Paris, nous écoutions Nina Simone, et ses chansons nostalgiques résonnaient particulièrement bien avec le contexte ou la douceur cotonneuse des jours neigeux.

1. Autrement, 2015.

C'est alors qu'une épreuve me tomba dessus : à l'autre bout du monde, la famille de mon compagnon m'appela un jour pour m'annoncer qu'il venait d'être hospitalisé, après avoir fait un malaise en pleine rue, et qu'il avait dû être perfusé. Impuissante, angoissée, culpabilisant de ne pas pouvoir être près de lui, je pleurais longuement, ce soir-là, dans le cou de ma chienne, qui dormit à côté de moi sur mon lit. Peu de temps après, le verdict tomba : mon compagnon avait besoin d'une greffe de rein et serait sous dialyse jusqu'à ce que celle-ci puisse se faire. On ne savait pas encore si cela compromettrait sa venue en France, quand nous allions nous revoir, ni quel quotidien et quelles perspectives l'attendaient. Et pendant les mois d'inquiétudes et de préoccupations qui suivirent, là encore ma chienne fut mon seul soutien.

Je lui expliquais la situation, trouvant une écoute réconfortante. Je lui parlais en espagnol, car « elle parle espagnol », ce qui faisait sourire tout le monde quand je le précisais. Et devant le gouffre de l'incertitude, qui n'avait jamais été aussi sombre dans tous les domaines, je sentis cet automne-là que je n'avais que ma chienne pour m'aider à faire face. Chaque jour, à 17 heures, notre balade au bois de Boulogne marquait un rempart face à l'angoisse, une réappropriation du temps et une reconquête du réel. La vie pouvait tout prendre, elle ne pouvait pas toucher à nos balades, immuables. Et c'est ainsi que l'automne et l'hiver passèrent. Alors que tout semblait s'effondrer et que les perspectives manquaient, la routine instaurée par Comédie m'avait plu mais aussi sauvée.

## Savoir demeurer en repos

S'il est bien une activité à laquelle s'est adonnée ma chienne toute sa vie, comme tous les chiens, c'est la sieste. La regarder me remplissait de confort : oui, la regarder dormir donnait envie. Si un chien dort beaucoup, souvent je craignais qu'elle ne dorme que par ennui. Pourtant, elle s'occupait beaucoup la journée. Souvent les yeux rivés depuis le balcon sur la rue, elle alternait ses observations, ses jeux avec ses jouets, ses repas, nos sorties, et dormait souvent l'après-midi, comme les enfants.

À regarder ma chienne dormir, alors que je m'affairais à mon bureau, sur mon clavier d'ordinateur ou au téléphone, je me dis bien souvent que nous devrions pouvoir tout arrêter, parfois, et simplement ne rien faire. C'est cette attitude qui me fit songer à Pascal, selon qui « tout le malheur des hommes vient d'une seule chose, qui est de ne savoir pas demeurer en repos dans une chambre[1] ». Nous remplissons nos journées, nous courons, nous œuvrons, comme des tâcherons éperdus, mais pour quoi faire finalement ? Pour parvenir où plus tôt ?

L'ennui est synonyme d'angoisse, de vide, de blanc à remplir. Alors nous nous divertissons, nous explique Pascal. Nous nous divertissons de toute activité pour ne pas nous retrouver face à notre condition, mortelle, et à nos pensées qui surviendraient alors. Toute cette agitation humaine, toute cette occupation n'est alors que le fruit d'un désir de ne pas affronter qui nous sommes, ce

1. *Pensées*, Laf. 136, 1670.

que nous pensons, ou simplement pourquoi nous faisons ce que nous faisons.

À l'opposé du préjugé, la vie de ma chienne m'a souvent semblé plus utile ou cohérente que la mienne. Elle vivait pleinement. Sans besoin d'utilité, de faire, de produire. Sans ego ni volonté de reconnaissance. Elle était. Et c'est bien ce qui nous coûte tant. Alors, nous meublons le temps comme les discussions, nous nous efforçons de trouver un sens à tout, nous nous donnons une raison. Quelque part, nous nous aveuglons. La lucidité du chien est alors une leçon : lui n'a pas besoin d'une contenance ni d'illusions à poursuivre. Il est pour lui-même et par lui-même, là où nous fuyons souvent en multipliant les buts ou les activités, qui pourtant ne nous remplissent pas.

Alors, parfois, j'ai appris à tout arrêter. Le monde n'allait pas s'écrouler ni s'arrêter de tourner sans nous, comme notre orgueil nous pousse souvent à le croire. C'est avoir une bien haute idée de soi que de se croire nécessaire à son travail, à ses collègues ou à ses proches. Le chien nous remet aussi à notre place. Notre démesure humaine nous pousse un peu trop facilement à nous penser indispensables, à nous assigner des tâches au nom d'une utilité ou d'un engagement que personne n'attend, à part peut-être notre propre narcissisme ou les petites histoires que nous aimons nous raconter. Avoir le courage de demeurer en repos, lutter contre le divertissement au sens pascalien, celui qui occupe l'esprit et fait diversion, suppose alors un entraînement, surtout quand toute la société nous exhorte à gagner du temps, à accélérer, à ne pas en perdre une miette.

En février 2009, mon compagnon put me rejoindre à Paris. Je m'étais occupée de l'administratif pour son visa et pour le suivi de ses dialyses, qu'il faisait un jour sur deux et dont la première devait avoir lieu le lendemain de son atterrissage. Quand un voyage dure plus de dix-huit heures, cela laisse peu de marge entre deux dialyses. Je repensais alors à l'année d'avant, celle de notre rencontre où nous pensions que la santé et le temps nous appartenaient, alors qu'aujourd'hui pour lui les deux étaient comptés. La superficialité de nos occupations me sautait au visage, celle des soucis de la plupart des gens aussi. Les jours de dialyse étaient éprouvants : il partait à 6 heures du matin, la dialyse durait plusieurs heures, et il dormait l'après-midi, épuisé. Un jour sur deux était perdu. Son visa d'étudiant en français à la Sorbonne me paraissait ridicule. *Tout* me paraissait vain face à la gravité de la situation. Alors nous avons réappris à vivre, un jour sur deux, sans chercher à rattraper ce qui était perdu, sans vouloir compenser. Tant pis. Nous vivions et pouvions planifier *des choses* un jour sur deux. D'un seul coup, l'éclat et l'importance de ce que vous faites prennent une tout autre tournure. La dialyse se mit à conditionner notre vie. J'avais vingt-trois ans, il en avait vingt-sept.

En regardant ma chienne dormir, paisiblement, souvent à mes pieds, en écoutant ses légers ronflements, ou en entendant ses pattes gesticuler sur le sol parce qu'elle était en train de rêver, j'ai pris conscience que rien ne nous attend jamais nulle part et que l'on court avant tout pour échapper à soi. Faire face à ses pensées, faire face à sa solitude et ne plus remplir le vide me semblait extrêmement difficile, angoissant. Pascal avait cerné ce que l'homme rechignait à faire.

Alors que la rêverie, l'imagination, les pensées les plus abouties naissent de ces moments où l'on pense ne rien faire, alors que la création puise ses germes dans ces interstices réputés improductifs, je courais avec agitation dans mon emploi du temps et mes occupations. Je n'avais rien compris et ma chienne me donnait une leçon. Arrête-toi. Repose-toi une heure, le monde ne changera pas. Mon compagnon n'avait plus le choix : la vie lui imposa de « demeurer en repos dans une chambre », plusieurs heures consécutives, son sang dans la machine. Pourquoi ne s'arrête-t-on pas avant d'y être obligé ? Parce que celui qui reste en repos nous renvoie forcément à la figure du malade, de l'alité, du vieux ? La société occidentale valorise l'extérieur, la conquête, l'entrepreneur, l'activité et l'agenda surchargé. Mais on ne peut pas penser lorsqu'on s'affaire, et l'on ne fait rien de bien lorsqu'on court toute la journée en dilettante.

Pendant deux ans, notre quotidien fut rythmé par les journées avec hôpital et celles qui étaient libres. Nous étions ensemble et c'est ce qui comptait, l'insouciance que nous avions connue avant la dialyse ne se reproduirait plus, mais qu'importe.

Sans étonnement, les meilleures siestes sont celles que j'ai passées en acceptant de suspendre le temps et de me coucher sur mon lit à côté de Comédie. Ces moments délicieux furent de loin les plus utiles.

## Retrouver le jardin et l'ataraxie

Heureusement, la greffe survint et allégea considérablement la vie de mon compagnon, ou plutôt lui permit de retrouver une vie. L'obscurité semblait se dissiper. En 2010, j'étais fraîchement diplômée et lui fraîchement greffé. Entre-temps, nous nous étions aussi mariés, laissant derrière nous par la même occasion tous les tracas administratifs liés à sa nationalité. Je travaillais, multipliant les piges pour des rédactions, et lui, qui était photographe, donnait des cours de photo. La vie en appartement nous pesait, ainsi que tout ce que nous avions vécu dans cet appartement, qui semblait englué dans cette période passée et peu réjouissante de notre vie. En 2011, alors que l'on cherchait un autre logement, je lui confiai mon rêve : un rez-de-jardin, à portée de métro. J'en demandais peut-être beaucoup, mais le rez-de-jardin en ville symbolisait le cocon de nature privé, l'espace de liberté et d'extérieur que nous n'avions plus. La conception de la rue à Mendoza n'avait rien à voir avec celle de Paris : du dehors au dedans la transition restait ténue. Les maisons de plain-pied donnaient sur la rue, pas de digicodes, d'ascenseurs, mais des gens devant les seuils en train de discuter. On passait de l'intérieur à l'extérieur sans pratiquement s'en rendre compte, comme si le privé et le public s'articulaient autrement. Or, cet extérieur me manquait, il m'avait toujours manqué.

Le chien nous rappelle à notre nature sauvage, celle qui ne conçoit pas que l'on puisse raisonnablement vivre dans des boîtes et passer durant notre vie des unes aux autres. Logement, ascenseur, parking, voiture, wagon de métro, immeuble, bureau : nous sommes devenus des *Homo interiorus*, perdant le lien avec le dehors. Marcher pieds nus dans l'herbe au réveil, s'étirer dehors face au ciel : voilà ce que nous avions oublié.

« OK, si tu veux », me répondit mon mari. Comme il l'avait fait quand je lui avais confié mon souhait d'avoir un chien. Et, avec surprise, je le regardais chercher. Le rez-de-jardin, je le voulais aussi pour Comédie. J'avais du mal avec la conception du chien en appartement. Et puis je l'imaginais déjà se prélasser au soleil printanier, dans le jardin. Elle serait bien plus heureuse ainsi. Avec la chance du débutant, peut-être, et l'inconscience de la difficulté de sa recherche, en quelques heures il trouva un deux-pièces en rez-de-jardin à louer, à dix minutes du métro. Quelques jours plus tard nous emménagions, et je n'en revenais pas. Ce qui me semblait impossible s'était réalisé avec une facilité déconcertante. Le rez-de-jardin parisien : nous y étions enfin.

Surtout, nous n'avions pas perdu la possibilité de nos balades au bois : à celui de Boulogne s'était substitué celui de Vincennes, que nous avons alors découvert avec une joie non dissimulée, car il se situait... au bout de notre rue ! Le lac Daumesnil devint notre nouveau repère, et l'extérieur ressurgit dans notre cadre de vie.

Ma chienne m'avait permis de justifier, plus que jamais, le fait d'aimer les jardins. Naïvement peut-être, j'ai souvent pensé que mon engouement pour le jardin était lié à mon enfance parisienne qui en avait été privée. Le jardin revêtait alors forcément l'étoffe de l'insouciance propre aux vacances, celle de l'été et de sa gaieté. C'est ignorer que le jardin n'est pas qu'un synonyme d'espace de jeux pour enfants. Dans l'Antiquité, le jardin est intimement lié à une dimension d'enseignement, de sagesse, de réflexion. Dites « le Jardin », et tous les professeurs de philosophie penseront à Épicure...

L'école dite « du jardin » est celle fondée par Épicure de Samos, en 306 avant J.-C., car le jardin où il philosophe revêt une dimension de protection, de calme, d'abri, dans un monde tumultueux[1]. Tout comme ma chienne m'avait appris à m'arrêter dans ma course frénétique d'activités, Épicure me permit de comprendre aussi pourquoi, depuis toute petite, j'aimais autant écrire dehors. Le jardin qui me plaisait n'était pas celui à la française, c'était celui qui invitait à s'asseoir dans l'herbe, à s'y étendre, à y rêver, à y penser. Les écriteaux « pelouse interdite aux chiens » me faisaient ainsi l'effet d'un oxymore absolu, d'une absurdité humaine. D'ailleurs, les pelouses interdites aux chiens le sont souvent aussi... aux humains. Écrire qu'on les interdit au chien revient souvent à cet écriteau, plus explicite, de « pelouse interdite ».

« Épicure a sorti la philosophie de la *polis* et l'a amenée au jardin. Il faut regarder attentivement ce jardin situé aux confins de la *polis* qui, en préservant sa tranquillité, protégeait les disciples contre le bruit de l'agora », explique Malgorzata Grygielewicz[2]. Dans mon jardin, je me sentais en effet protégée de l'agitation, du bruit, de la pollution. Une oasis de paix m'attendait chez moi, et j'y pensais avec ravissement lors de mes trajets en métro. Un luxe dont je savourais la vue, dont je profitais pleinement. Voir Comédie se rouler dans l'herbe dès le matin, dormir au soleil dehors me comblait encore plus de joie. J'avais alors repris des études de philosophie par correspondance, car il s'agissait des études que j'avais toujours voulu suivre. C'est avec un plaisir non dissimulé que je passais alors de longues heures dans le jardin à étudier mes cours, sur la table ronde en bois qui était installée dehors, ma chienne se roulant à côté de moi dans l'herbe, ronflant,

1. Lire à ce propos : Anne Cauquelin, *L'Invention du paysage*, PUF, 2013.
2. *Le Jardin grec : rencontre philosophique*, L'Harmattan, 2017.

ou jouant avec ses os et ses jouets à mordiller. S'il y avait une image du bonheur que je devrais choisir, ce serait celle-ci.

Je compris pourquoi la philosophie avait un lien avec l'extérieur dans sa pratique et pourquoi l'on réfléchissait mieux sous un arbre que sous les néons d'une salle de classe. La beauté du chant des oiseaux et celle du ciel favorisent sûrement la pensée[1].

Le Jardin, l'école philosophique d'Épicure, était ouvert aux hommes comme aux femmes et aux esclaves. On ne peut ignorer qu'Épicure y enseignait notamment les moyens de parvenir à l'ataraxie, la paix de l'âme, qui nous permet d'atteindre cet état que l'on qualifierait de bonheur, car notre âme n'est plus troublée en rien. Aussi, il nous invite à ordonner nos désirs, responsables de notre malheur s'ils sont suivis sans contrôle : il convient de privilégier les désirs naturels et nécessaires (manger, boire, dormir...) à ceux qui sont vains, comme la recherche d'honneur, de gloire, de pouvoir. Épicure conseille également de ne pas craindre la mort, car cette peur est irraisonnée. Ma chienne avait tout compris. Elle n'avait aucun désir vain, alors que nous, humains, poursuivions sans cesse des illusions, des désirs superficiels, courant vers notre insatisfaction ou bien notre déception une fois ceux-ci atteints. Nos désirs se succédaient, notre bonheur filait. Quant à la peur de la mort, ma chienne l'ignorait. Il s'agissait là d'une crainte humaine, complètement inutile. « La mort n'est rien pour nous », affirme Épicure, et le sage

1. Sur le rôle de la beauté, lire : Jean-Pierre Changeux, *La Beauté dans le cerveau*, Odile Jacob, 2016.

ignore cette peur. Comédie avait-elle atteint le niveau d'un sage ? Elle semblait en tout cas bien appliquer les conseils épicuriens.

Telle une mer calme, assagie, à l'horizon lisse, j'étudiais mes cours de philosophie dans mon jardin. L'hiver, je me souviens avoir travaillé toute une journée à mon bureau, près de la baie vitrée de la chambre, regardant la neige tomber à gros flocons. Comédie dormait sur le lit, tête sur l'oreiller, pattes étirées vers l'avant, et le jazz d'Otis Redding embaumait la pièce. Un corbeau marchait devant la fenêtre, le jardin semblait recouvert d'une cape de coton.

Pendant trois ans nous avons pleinement habité ce rez-de-jardin, la vie y fut joyeuse, pleine d'entrain et de bonnes nouvelles. L'oppression de l'appartement clos, les sorties quotidiennes sur les trottoirs étroits au milieu du vrombissement des scooters étaient derrière nous, parties avec l'oppression de nos soucis et inquiétudes d'alors. Le bonheur du Jardin nous tendait les bras.

Je me rappelai alors le conseil donné par Voltaire à la fin de *Candide* : « Il faut cultiver notre jardin. » Loin de nous inciter à nous retirer du monde, égoïstement, Voltaire nous invite bien plus à prendre soin de nous et du monde, à cultiver par là même notre bonheur mais en nous préoccupant des autres. C'était, sans le savoir, ce que nous avions fait en déménageant dans un rez-de-jardin pour le bien de notre chienne. Prendre soin d'elle nous avait permis de prendre soin de nous. Depuis, nous respirions.

## Viens, on va jouer dehors

Le jeu est activité *gratuite*, au sens où l'on pratique le jeu pour lui-même et non dans un autre but. Les vertus du jeu sont nombreuses : par le jeu, les enfants apprennent, ils exercent leur motricité, découvrent le langage, se sociabilisent. En cela, le jeu est toujours utile malgré son apparente inutilité. Le jeu instaure des règles, des limites, permet aussi d'expérimenter des rôles ou des attributions qui nous aident à intégrer que l'on doit forcément se conformer à certains principes pour que celui-ci fonctionne, comme en société. Les notions d'interdit, de triche, de sanction et de récompense y sont éprouvées.

Parfois, le jeu encourage aussi le dépassement de soi, l'intelligence collective, ou des facultés comme la mémoire, la stratégie, la logique. Si le jeu s'avère riche d'enseignements, il reste pourtant cantonné à une période de la vie, l'enfance, et tend à s'opposer au sérieux. Adulte, on ne joue plus. La question « à quoi tu joues ? » renvoie dans la vie ordinaire à une sanction de notre irresponsabilité, pleine de mépris, comme si les conséquences de nos actions n'étaient pas pleinement mesurées. Adulte, on ne peut plus jouer, comme s'il fallait entrer de plain-pied dans le réel, et tourner le dos à une période où le jeu était valorisé.

Les figures des joueurs sont alors celles de la marginalité : le joueur compulsif, en proie à une addiction, gaspille sa vie et ne se contrôle plus. Le joueur reconnu, quant à lui, appartient alors à deux domaines : le sport ou l'art. Ici, il s'agit de professionnels du jeu, qui ont su gagner la reconnaissance de la société parce qu'ils ont acquis une maîtrise technique du jeu que les autres n'ont pas, ou qu'ils témoignent d'un certain talent, voire d'un génie particulier qui les distingue.

Le jeu m'est toujours apparu comme une activité indispensable et tristement délaissée. Peut-être que son lien à l'enfance n'est pas anodin dans ce qu'il comporte de nostalgique ou de rassurant, et que cela me plaît. À l'inverse, les occupations sérieuses des adultes m'ont toujours semblé douteuses : le fait d'opérer une frontière aussi franche entre ce qui méritait qu'on y accordât du temps et ce qui n'était pas digne d'un adulte me paraissait louche, artificiel. Surtout, cette ligne de démarcation permet de se ranger soi-même dans la catégorie réconfortante de l'adulte responsable : celui qui ne joue pas, qui travaille, qui a des occupations sérieuses. Ce serait trop simple.

Au milieu d'une vie pleine de sérieux, deux alibis vous donnent la possibilité de jouer sans avoir l'air suspect : les enfants et les chiens. Ils nous offrent directement l'opportunité de jouer à des jeux inutiles, improductifs, de prendre des airs débiles et des voix comiques, de faire des grimaces, de nous trémousser à quatre pattes et de faire des imitations ou des bruits improbables, tout en y étant socialement autorisé. Magique.

« Le chien qui souhaite jouer entraîne l'homme dans un état de béate satisfaction, une forme d'hypnose, par le lancer répété de la balle, du morceau de bois ou du caillou », souligne Pierre Schulz dans son ouvrage *Consolation par le chien*[1], où il explore les avantages que le chien offre à l'homme, démontrant qu'il nous humanise

1. PUF, 2010.

et que la lecture de l'histoire de la domestication du chien qui sous-entend que ce dernier avait avantage à vivre avec nous est plutôt biaisée : nous trouvons de nombreux avantages à vivre avec un chien, ce qui justifie amplement les contraintes que nous supportons pour lui. L'auteur évoque notamment la néoténie, qui peut se définir comme « la persistance d'une série de caractéristiques physiques et comportementales des individus jeunes ». Le chien nous renvoie inéluctablement à cet état perdu de l'enfance que nous aimons, il nous autorise à jouer, à retrouver le temps du jeu l'enfant que nous étions. « Le chien se comporte comme un enfant ; pour lui, c'est toujours l'enfer s'il anticipe un évènement négatif et toujours Noël s'il anticipe un évènement positif. »

Comme tous les chiens, Comédie aimait jouer et sa meilleure validation d'un inconnu ou d'un invité au domicile se traduisait par le fait qu'elle lui apportât un jouet, parfois douteux ou baveux, en espérant, avec un regard plein d'amour, que le nouvel arrivant s'en saisisse. « Joue avec moi » était plus qu'une invitation, c'était un pacte de reconnaissance et d'approbation.

Nous étions en 2012 et, depuis deux ans, je m'évertuais justement à faire du jeu ma profession : je jouais de la musique. Cette activité ne me valait pas forcément l'aval de mes parents, qui restaient, et on les comprend, dubitatifs sur les chances de réussite dans ce milieu. Le jeu devint alors une lutte contre tout ce que les attentes sociales d'une vie adulte constituaient. Je jouais chez moi, je jouais sur scène. La musique ainsi que la poésie faisaient partie de mon quotidien, me donnant un regard caustique sur la vie d'adulte responsable à laquelle je ne prétendais délibérément pas.

La figure de l'artiste, qui joue plus qu'il ne travaille, qui se passionne plus qu'il n'est responsable, me renvoyait à un souhait : celui de faire du jeu une activité sérieuse. Finalement, je ne faisais rien d'autre que ce que faisait ma chienne, le jeu n'avait d'autre but que lui-même, nous renvoyant aussi à cette question dérangeante : pourquoi s'affaire-t-on autant ? Que produit-on, pour qui et pour quoi ? Quelque part, celui qui joue décale le réel : il vit dans une dimension appartenant à l'imaginaire et parvient à créer une coupure avec la réalité. Freud dresse justement cette analogie entre l'enfant et le poète :

> L'occupation la plus chère et la plus intense de l'enfant est le jeu. Peut-être sommes-nous en droit de dire : tout enfant qui joue se comporte comme un poète en tant qu'il se crée son propre monde ou, pour parler plus exactement, transporte les choses de son monde dans un ordre nouveau à sa convenance. Ce serait un tort de croire qu'il ne prend pas ce monde au sérieux, au contraire, il prend son jeu très au sérieux, il s'y investit beaucoup affectivement. Le contraire du jeu n'est pas le sérieux, mais la réalité. [...] Or le poète fait la même chose que l'enfant qui joue ; il crée un monde imaginaire qu'il prend très au sérieux, c'est-à-dire qu'il l'investit affectivement tout en le séparant strictement de la réalité. (*Le Poète et l'activité de fantaisie,* 1907)

Prendre le jeu au sérieux : c'était précisément ce que faisait ma chienne, et ce que je faisais aussi, à l'inverse de la plupart des adultes ayant de *vrais* métiers. Nous, les musiciens, étions plongés dans un monde imaginaire, à côté du réel, décalé de lui. Il y a un sens à l'improductif, une fierté et même une résistance dans l'acte du rêveur comme du joueur. L'enfant, le poète ou le chien mènent en réalité le même combat, sans le savoir.

Surtout, l'errance, l'ennui, l'attente devenaient de moins en moins possibles à cause de la profusion de smartphones autour de nous, dont la déferlante commençait. Chaque minute, chaque interstice devant être comblé, les voyageurs du métro comme les personnes attendant dans une queue étaient prêts à dégainer leur téléphone pour se montrer occupés. La poésie, la rêverie, la pensée se nourrissent des observations et des réflexions, elles s'imprègnent de l'air du temps. Comment le saisir si nous avons le visage rivé sur nos écrans ? Ma chienne m'apprenait aussi à perdre du temps. « Nous savons qu'un complot mortifère sape nos sociétés. Je dis et redis à mes enfants : les écrans, ce n'est pas la vie. Ils détruisent le plus beau divertissement, l'ennui, le temps perdu, la rêverie. [...] Où sont les siestes dans la chaleur grésillante de l'été et le blé en herbe, les yeux vers le grand ciel ? », note Olivier Frébourg dans *Un si beau siècle, la poésie contre les écrans*[1]. Jouer avec ma chienne m'apparaissait comme un plaidoyer, une revendication pacifique, celle du geste contre le virtuel, celle du temps perdu contre le temps gagné, celle du poète contre le consommateur, de l'aboiement contre le scroll. Nous étions hors du réel mais pourtant bien plongés dedans lorsqu'on jouait ensemble, et il n'y avait pas d'autre monde que celui-là qui fût certain.

1. Éditions des Équateurs, 2021.

Le biologiste et philosophe Jakob von Uexküll fut l'un des pionniers de l'éthologie et théorisa notamment le concept de *umwelt* souvent traduit par « milieu » ou « monde » propre à l'animal. Il s'oppose à l'anthropomorphisme qui consiste à calquer sur l'animal nos perceptions du monde, et propose une lecture radicalement nouvelle des perceptions par l'animal de son milieu. S'il nous est impossible de décrire précisément le monde mental du chien, nous pouvons raisonnablement supposer que le jeu ou la balade n'ont pour lui rien en commun avec les représentations que nous nous en faisons, et que leur importance diffère de celle que nous leur accordons. Lancer une balle, tirer sur une corde, se rouler par terre sont des moments de régression que nous autorise le chien, mais pas seulement. Dans son monde, ils revêtent une fonction capitale. Parmi les jeux que Comédie appréciait, il y avait le fait de cacher un de ses jouets dans le salon : je l'enfermais dans une autre pièce, le temps de cacher le précieux joujou, puis lui ouvrais la porte. Elle jaillissait, oreilles dressées, aux aguets, obnubilée par la recherche. Le chien, l'enfant, le poète, le musicien, l'artiste jouent sérieusement.

J'avais participé au tournage du clip de *Jouer dehors*, une chanson de Mademoiselle K. Cette chanson, vantant la jeunesse, le goût du risque ou l'indicible envie de profiter du temps présent, condensait toute mon envie d'en découdre avec ceux qui dépréciaient le jeu. Après ce tournage, qui avait eu lieu dans la salle de concert du Bus Palladium à Paris, une fois de retour chez moi, j'avais fait une série de photos avec ma chienne dont je me souviens avec une netteté déconcertante.

« Le jeu est essentiel », semblait me suggérer Comédie, chaque fois qu'elle me tendait son jouet. « N'oublie pas de jouer, la vie passe si vite », me disait-elle avec son amour immodéré des instants qui semblent pour nous inutiles et improductifs, passés à jouer dehors.

Plus qu'une invitation à jouer, le couinement de ces jouets pour chiens était un éloge de la subversion : celle qui renonce à la productivité, à courber l'échine et à suivre le comportement moutonnier des besogneux, les diktats d'une vie qui devrait faire passer le travail avant tout, la carrière avant le rire, la préoccupation d'adulte au détriment de l'enfance qui sommeille en nous, de notre liberté, de nos désirs. Il me fallait relire Nietzsche pour comprendre cette intuition :

> Dans la glorification du « travail », dans les infatigables discours sur la « bénédiction du travail », je vois la même arrière-pensée que dans les louanges adressées aux actes impersonnels et utiles à tous : à savoir la peur de tout ce qui est individuel. Au fond, ce qu'on sent aujourd'hui, à la vue du travail - on vise toujours sous ce nom le dur labeur du matin au soir -, qu'un tel travail constitue la meilleure des polices, qu'il tient chacun en bride et s'entend à entraver puissamment le développement de la raison, des désirs, du goût de l'indépendance. Car il consume une extraordinaire quantité de force nerveuse et la soustrait à la réflexion, à la méditation, à la rêverie, aux soucis, à l'amour et à la haine, il présente constamment à la vue un but mesquin et assure des satisfactions faciles et régulières. Ainsi une société où l'on travaille dur en permanence aura davantage de sécurité : et l'on adore aujourd'hui la sécurité comme la divinité suprême. (*Aurore*, III, § 173, 1881)

Le travail consommait notre temps, notre énergie, notre énergie vitale. Ce que Nietzsche écrit en pleine révolution industrielle n'a pas perdu en pertinence. En souhaitant faire de la musique mon métier, je souhaitais avant tout échapper à un travail d'employée de bureau qui me semblait menaçant et dévorant. « Car il consume une extraordinaire quantité de force nerveuse et la soustrait à la réflexion, à la méditation, à la rêverie, aux soucis, à l'amour et à la haine » : le risque était bien là, se perdre dans une vie où le travail finirait par nous aspirer. Alors le jeu, pour rien sinon pour lui-même, apparaissait à la fois comme une métaphore de la musique que je jouais et comme une issue de secours.

Bien des années plus tard, alors que Comédie n'était plus là, justement, pour jouer avec moi, et que je m'enlisais depuis son décès, qui remontait à plus de trois semaines, dans une profonde tristesse, un curieux évènement me rappela cette leçon, et la gaieté de ma chienne. Je m'asseyais au volant de ma voiture, branchais mon téléphone, et subitement, sans que je n'aie rien fait pour, la musique se lança sur une chanson que je n'avais, en plus, absolument pas choisie. Croyez-le ou non, c'était bien *Jouer dehors*, de Mademoiselle K. Guitare électrique, et cri de la chanteuse.

*Eh oh, c'est quand qu'on sort ?*
*Je voudrais jouer dehors*
*Je vois des petits vieux*
*Pas envie d'être vieux*
*J'ai pas choisi d'être grand*
*Mais j'aimerais être le plus fort*
*Viens, on va jouer dehors.*

La voix de Mademoiselle K, à fond dans l'habitacle, me cloua au siège. Je prêtai alors une attention particulière aux paroles, et eus l'impression que Comédie n'aurait pas mieux dit.

*Il faut pas de tout pour faire un monde*
*C'est faux, c'est pas les fous les pires*
*Je vois des gens qui souffrent beaucoup moins*
*Nous prennent pour des crétins*
*Viens, on va jouer dehors*
*Écoute il faut qu'tu sortes*
*Il faut qu'tu sortes*
*J'ai pas envie d'être vieux*
*Viens, on va jouer dehors*
*J'ai pas envie d'être vieux.*

De lourdes larmes me submergèrent, me rappelant, avec la fulgurance d'un raz-de-marée de souvenirs, tous nos jeux heureux et cette époque où j'avais l'impression de m'accrocher à un rêve d'artiste qui consistait à jouer toute sa vie.

*Si un jour je meurs*
*Ne m'enterre pas à l'heure*
*Faut décaler l'erreur*
*T'as défoncé l'compteur ?*
*Eh oh c'est quand qu'on sort ?*
*Je voudrais jouer dehors*
*J'ai pas choisi d'être grand*
*Et j'aimerais vivre jeune encore longtemps.*

Comédie avait mis de la joie et du jeu dans ma vie, au quotidien, jusqu'à ce qu'elle ne puisse plus vraiment jouer.

Je n'en doutais pas, comme le disait cette chanson, qui avait surgi avec un étrange sens de l'à-propos, Comédie aurait aimé « vivre jeune encore longtemps ». Inconsolable, je pleurais alors dans ma voiture sur la voix de Mademoiselle K, repensant à cette séance photo avec ma chienne après le tournage du clip. Et aujourd'hui, si je ne devais avoir qu'un seul regret, ce serait, sans hésiter, de ne pas avoir suffisamment joué avec elle.

## ÊTRE TOUCHÉ

> « Le toucher est le sens dans lequel a lieu la rencontre originelle avec la réalité en tant que réalité [...]. Le toucher est le véritable test de la réalité. »
>
> Hans Jonas

Étrangement, le toucher est l'un des sens les moins valorisés dans notre culture occidentale, au détriment de la vue ou de l'ouïe. Primitif, bestial, impudique : le toucher reste animal, opposé à la civilisation.

Le toucher est le grand absent de notre rapport au monde : les enfants touchent, parce qu'ils sont conduits par leur instinct et n'ont pas encore intégré les interdits, ou les personnes mal voyantes, pour compenser leur vue.

L'interdiction de toucher renvoie souvent à un respect (on ne touche pas des œuvres d'art) ou à une condition d'hygiène (on salit ou on est sali par ce qu'on touche) ou encore de sécurité (pour ne pas casser). Le toucher serait dangereux ou irrespectueux.

Socialement, on ne touche pas n'importe qui, n'importe comment. Ce n'est pas un sens dont on peut faire usage comme on le souhaite. La politesse et la norme sociale encadrent alors ce sens en fonction des cultures.

Justement, en Argentine, où j'avais passé plusieurs années, le rapport au toucher n'a rien à voir avec celui que nous avons en France : l'accolade est commune, l'embrassade d'une seule bise aussi, même entre hommes, en guise de salutation. De retour en France, pendant plusieurs semaines, je me souviens avoir dû réprimer mon instinctif élan pour embrasser sur la joue mes interlocuteurs qui m'adressaient un regard circonspect...

Le chien nous invite à le toucher et à utiliser ce sens bien plus que nous ne le ferions sans sa présence. Pour lui dire bonjour, pour lui témoigner notre affection silencieuse, le caresser devient un réflexe. Des caresses sur sa tête, répétées, répétitives, occupent spontanément l'une de mes mains lorsque je lis, lorsque je mange aussi, ou lorsque je suis à mon bureau. Le geste s'ancre comme une habitude dans mon corps.

Sentir la chaleur du chien, les pulsations de son cœur, son halètement. Le toucher fait son grand retour dans la vie, comme si le corps reprenait son importance. Primitif, le toucher est primordial : déconsidéré, c'est pourtant lui qui semble guider les autres sens.

« Le toucher, sens de la réalité, fait l'éducation des autres sens », explique Lagneau[1]. Il commandait sans doute notre approche première du monde. Celui qui se contente de voir reste à distance, ne se saisit pas du monde comme celui qui le touche, qui entre en contact,

1. Cité par Claire Marin dans « L'Œil et la main : la "métaphysique du toucher" dans la philosophie française, de Ravaisson à Derrida », *Les Études philosophiques*, vol. 64, n° 1, 2003, pp. 99-112.

« qui s'y colle ». En cela, comprendre, « saisir », revient toujours à toucher du doigt le réel.

« La possession du monde exige une sorte de flair tactile. La vue glisse le long de l'univers. La main sait que l'objet est habité par le poids, qu'il est lisse ou rugueux, qu'il n'est pas soudé au fond de ciel ou de terre avec lequel il semble faire corps », souligne Henri Focillon dans son ouvrage *Éloge de la main* (1934).

Faire écran au toucher : en 2012, il s'agissait de cela. Les écrans tactiles se répandaient avec frénésie et avec eux cette nouvelle habitude de toucher les écrans comme signe ultime de la modernité. Le contact avec la machine, physique, semblait alors franchir la coupure entre le réel et le virtuel. On touche l'écran, on le fait défiler, il nous répond, il est bien là, réel, presque vivant : la fonction tactile nous donne l'illusion d'avoir un pouvoir sur le virtuel et la machine. Curieusement, le sens le plus primaire, le plus primitif, fait face à la technologie la plus pointue. Cette opposition me fascinait. Et à l'opposé de cette vie qui se remplissait de fonctions tactiles envers les machines, l'essor des réseaux sociaux semblait nous isoler davantage, coupant les contacts que nous avions avec nos semblables. « Ce qu'il y a de plus profond en l'homme, c'est la peau », écrit Paul Valéry. Or, c'est bien cette peau qui ne se touchait plus, ce contact qui ne survenait plus : on lui avait substitué des écrans.

Le contact : c'était bien de cela qu'il était question. Si les contacts devenaient de plus en plus faciles, « en temps réel », ils devenaient lointains, virtuels, par écrans interposés, factices. À l'inverse, ma chienne m'offrait le plus franc et plus réel des touchers : celui de son poil long, celui de sa tête chaude, imprégnant mes mains de son odeur, de sa douceur. Au virtuel, le toucher, le geste, la texture s'opposaient farouchement, postulant bien que le monde existe. Il n'y a de meilleur contact avec ce qui est que par le toucher. Là où les yeux effleurent, le toucher entre en contact directement avec nous, et c'est ce qui en fait sa force et sa simplicité.

Le toucher du chien, comme celui du chat, apaise, rassure, réconforte. Parfois, je regardais la télévision, et Comédie venait s'installer à côté de moi, sur le canapé, posant tout naturellement sa tête sur mes cuisses. Cette habitude, cette attitude spontanée de ma chienne me touchait.

*Être touché* ne traduit-il pas la possibilité d'une bulle, intime, qui serait atteinte par autrui ? Ma sensibilité, mes émotions ne sont-elles pas effleurées ou bousculées par l'autre ? L'espace de mon intériorité, celui où je peux être touchée, n'était-il pas le plus sincère et le plus intime ?

L'animalité du toucher renvoie aussi à cet aspect, lui aussi mis à mal par l'espace social et ses conventions. L'émotion se contrôle, l'effusion des sentiments n'est pas bienvenue dans tous les contextes et la maîtrise de nos affects constitue, dans notre inconscient collectif, le signe de notre propre contrôle, voire de notre civilité. Ne pas se laisser aller à l'émotion, ne pas pleurer, ne pas se laisser emporter par la colère : les injonctions à la maîtrise de l'émotion semblent alors aussi cohérentes que celles visant à domestiquer notre toucher.

Le chien vous invite, à l'inverse, à vous laisser aller à ce sens, à sa franchise et à son émotion. L'individualisme, la facticité des moyens de communication virtuels, les filtres sociaux : tout pouvait voler en éclats. Une vraie caresse, un contact épidermique, une chaleur sincère, voilà de quoi retrouver l'animalité qui nous était si nécessaire.

Le vocabulaire de l'émotion recoupe logiquement celui du toucher : manipuler, blesser, atteindre, heurter, affecter, perturber, saisir, effleurer, empoigner, pénétrer, sont autant de verbes que l'on peut entendre au sens propre comme au figuré, sur le plan physique comme psychique.

En toucher un mot, toucher du doigt, tâter le terrain, être touchant, faire preuve de tact : une certaine délicatesse, voire une intuition vont de pair avec ce sens, qui n'est pas que dans l'intrusion ou la brutalité.

La vie avec ma chienne m'a appris justement à toucher les choses et toucher le réel autrement.

Alors que mes études de philosophie tendaient à m'éloigner de la matérialité – que mon goût pour les réflexions et l'éthéré n'arrangeait pas – et que par ailleurs la musique m'écartait de ce que l'on nomme prosaïquement « la vie réelle », ma chienne m'y ramenait, constamment, naturellement. Son contact me rassurait et m'apaisait, comme le peau-à-peau avec un nourrisson. La sincérité d'une caresse revenait alors à toucher le réel, lui qui semblait si souvent se dérober à ma compréhension. J'en venais même à me demander si je n'étais pas inadaptée socialement.

En 2013, j'avais l'impression de n'avoir jamais été aussi éloignée de mes parents. On ne se comprenait pas, et les discussions que nous échangions me semblaient stériles, vides, inutiles. Les moments passés ensemble, comme le but de nos conversations, m'échappaient complètement. Que signifie être là ? Lorsque nous étions ensemble, pourtant, nous ne l'étions pas. Je me projetais dans la musique, ils y voyaient une impasse. J'avais repris des études de philosophie, ils n'en saisissaient pas le sens, car j'étais déjà diplômée. Je survivais en tant que pigiste, alors qu'ils espéraient un métier plus solide. Je leur opposais ma liberté, ils me répondaient par leur responsabilité. Les moments passés à leur contact n'en étaient pas. Immanquablement nous n'étions plus capables de saisir nos réalités respectives. Alors, nous avancions à tâtons. Là où l'équivoque et les non-dits planaient, ma chienne m'offrait tout le contraire : un sens de l'immédiateté et de l'univoque. Pas de filtre, pas de report, pas d'interprétation. Juste de l'être là. C'est alors que je compris que le toucher participait aussi d'une approche directe de l'empathie.

Justement, je travaillais sur l'éthique animale et menais une enquête sur la souffrance animale qui s'avérait moralement éprouvante. Avais-je trop d'empathie ? C'est souvent le reproche adressé aux militants de la cause animale : il est facile en effet de dire qu'ils versent dans la sensiblerie.

L'empathie, ou la capacité de « souffrir avec » (du grec *pathos*, « souffrance », « affection »), est l'un des ressorts importants de la considération que nous avons développée pour les animaux. L'empathie est définie par Adam Smith, à la fin du XVIII^e^ siècle, sous le nom de *sympathy* : il s'agit alors de comprendre ce que vit et ce dont souffre autrui en s'imaginant à sa place. Même si cette faculté est forcément imparfaite, elle suppose une meilleure compréhension de ce que vit l'autre. Or, cette empathie émane d'abord de la vue, du spectacle de la souffrance d'autrui. Rousseau évoque aussi « la pitié naturelle » comme faculté humaine qui fait que l'on est *touché* par la souffrance d'autrui, animal comme être humain :

> La pitié, disposition convenable à des êtres aussi faibles, et sujets à autant de maux que nous le sommes, est une vertu d'autant plus universelle et d'autant plus utile à l'homme qu'elle précède en lui l'usage de toute réflexion, et si naturelle que les bêtes mêmes en donnent quelquefois des signes sensibles. [...] Tel est le pur mouvement de la nature, antérieur à toute réflexion : telle est la force de la pitié naturelle, que les mœurs les plus dépravées ont encore peine à détruire [...]. Mandeville a bien senti qu'avec toute leur morale les hommes n'eussent jamais été que des monstres, si la nature ne leur eût donné la pitié à l'appui de la raison. [...] En effet, la commisération sera d'autant plus énergique que l'animal spectateur s'identifiera plus intimement avec l'animal souffrant. [...] C'est elle qui nous porte sans réflexion au secours de ceux que nous voyons souffrir : c'est elle qui, dans l'état de nature, tient lieu de lois, de mœurs, et de vertu, avec cet avantage que nul n'est tenté de désobéir à sa douce voix. (*Discours sur l'origine et les fondements de l'inégalité parmi les hommes,* 1755)

Or, si c'est bien la vue qui semblait à l'origine de l'empathie et de notre perception des émotions et du ressenti d'autrui, le toucher me semblait tout aussi important : on entre directement en relation avec autrui en le touchant, et ce corps-à-corps est bien l'expérience la plus immédiate que l'on puisse avoir pour percevoir l'autre. Alors que je rentrais certains soirs effondrée, éprouvée par mon enquête sur la souffrance animale, Comédie, soulevant de son museau ma main, m'invitait à lui caresser la tête et me réconfortait ainsi.

Ma chienne me permettait de reconsidérer ce sens, de m'en servir de nouveau, et de sentir autre chose que les touches de mon clavier d'ordinateur ou les cordes de ma guitare (dont je n'ai jamais bien joué, mais qui me permettait au moins de composer). Avec le toucher, on comprend mieux le monde, il nous permet de pénétrer le réel et non plus seulement de le voir, ou l'effleurer – mais il nous permet aussi de mieux comprendre l'autre. Un câlin, une caresse, une accolade, une tape dans le dos : de la camaraderie au réconfort, seul le toucher s'engouffre dans cet espace que les mots ne comblent pas.

Les stoïciens représentent notre niveau de conscience par la métaphore d'une main que l'on serre. Cicéron explique ainsi :

> Sauf le sage, personne ne sait quoi que ce soit ; et cela Zénon le montrait par un geste : il montrait sa main ouverte, les doigts étendus : c'est là la représentation, disait-il ; puis il repliait un peu les doigts : c'est là l'assentiment ; ensuite, quand il avait complètement fermé la main et qu'il montrait le poing serré, il déclarait que c'était là la compréhension. Enfin, il approchait la main gauche du poing fermé et il le serrait étroitement et avec force : il disait que c'était là la science, que personne ne possède sauf le sage. (*Académiques*, I)

Se représenter les évènements (juger ce qui nous arrive), y assentir (accepter ce qui est), les comprendre, être sage : c'est à ces niveaux de compréhension que nous invitent à accéder les stoïciens, où il convient de noter que la *préhension* n'est pas étrangère à cette saisie du monde.

C'est un peu ce que m'a appris ma chienne : me saisir du monde, plutôt que de le fuir, m'en emparer plutôt que de l'esquiver.

## Faire la fête

> « La vie est une fête. Habille-toi pour ça. »
>
> Audrey Hepburn

Imaginez. Chaque fois que vous arrivez au bureau, vos collègues se lèvent, un sourire illuminant leur visage, et vous serrent dans leurs bras, vous demandant comment vous allez, vous disant avec joie combien ils sont contents de vous revoir ce matin. Imaginez. Quand vous rentrez chez vous le soir, vos enfants, votre conjoint vous sautent au cou, vous embrassent : quel bonheur de vous revoir, vous leur avez tellement manqué. Quelle joie d'être ensemble ici et maintenant. Imaginez si nous imitions les chiens dans nos retrouvailles sociales ou amicales : peut-être prendrait-on alors la mesure de cette joie simple qui consiste à se revoir ?

Pourquoi attendre les occasions pour célébrer la joie d'être ensemble ? Pourquoi ne pas être plus démonstratif lorsqu'on retrouve quelqu'un que l'on aime ? Par pudeur ? Alors n'est-il pas bien dommage de mettre un couvercle sur ce que l'on ressent ? Par habitude ou lassitude ?

Le chien nous permet de reconsidérer le lien qui nous unit à ceux que nous aimons et le terme *occasion*. Nous faut-il des occasions pour nous réjouir et dire à nos proches l'attention qu'on leur porte ? Nous *devrions* ressentir la joie pure et parfaite que le chien témoigne à son maître lorsqu'il le revoit.

Les occasions de se réjouir ne manquent pas : c'est nous qui avons pris soin de les déconsidérer, de les oublier, de ne plus les voir. Surtout, nous avons pris pour acquis que nous nous reverrions, que le soir, nous serions encore là.

L'imprévisible n'ayant plus sa place, nous menons nos vies dans l'illusion que nos proches seront toujours présents. De là vient la crainte de la mort également, car nous oublions que nos proches sont mortels. Nous ne pouvons effacer notre condition de mortels et devons accepter qu'elle fasse partie de la vie et de nos chagrins.

« Ce qui trouble les hommes, ce ne sont pas les choses, ce sont les jugements qu'ils portent sur les choses. Ainsi la mort n'a rien de redoutable, autrement elle aurait paru telle à Socrate ; mais le jugement que la mort est redoutable, c'est là ce qui est redoutable », explique Épictète (*Manuel*, V).

Nos jugements sont faussés et nous devons travailler sur ceux-ci : de là provient notre capacité à être heureux. Si nous avions peut-être plus à l'esprit la nature mortelle et provisoire de toute chose, de toute situation, comme de nos proches, alors, peut-être oserions-nous plus leur montrer ou leur dire qu'on les aime. Épictète n'invite pas à se morfondre sur la nature mortelle de l'être humain, mais simplement à garder à l'esprit que nos proches ne nous appartiennent pas, et pas plus que nous ne pouvons maîtriser certains évènements. En revanche, il nous appartient toujours de contrôler les représentations que nous en avons. Notre représentation de nos proches est souvent faussée : on les imagine immortels, là pour toujours, sans disparition possible. L'habitude dissout alors la joie des moments passés ensemble, on ne franchit plus le seuil de la porte avec l'enthousiasme que l'on devrait octroyer à ce moment.

Le chien, instinctivement, n'a pas cédé à cette diminution : l'habitude n'enlève pas l'intensité, la fréquence n'amoindrit pas le plaisir. « Je te revois le soir et cela me rend pleinement et profondément heureux, enfin tu es rentré ! » semblent dire tous les chiens du monde à leur maître de retour. Ils « font la fête », expression qui a son importance car la fête ici n'a rien d'exceptionnel, rien d'*extra*-ordinaire : elle est au contraire quotidienne, prévisible, jouée d'avance. Notre monde humain manque de cette fête, de cette chaleur du retour, de ce plaisir de l'accueil. De la joie d'être ensemble, sans occasion ni raison autre que celle-là.

En 2014, nous avons dû quitter notre rez-de-jardin adoré : je travaillais désormais dans un bureau à temps plein, m'étant résolue à jouer le jeu de la vie adulte. Ce travail me plaisait, mais se situait à l'exact opposé de notre domicile. Les longs trajets en transports en commun m'assommaient. Déménager s'imposait alors comme une nécessité. Dire adieu au rez-de-jardin revenait aussi à se séparer d'une période où la musique marchait bien et où j'avais caressé l'espoir de pouvoir en vivre. J'avais au moins essayé. Une page se tournait, et ma chienne nous accompagnait alors dans notre troisième déménagement, dans un appartement qui avait par chance un immense balcon donnant sur le spectacle de la rue.

Heureusement pour Comédie, mon compagnon était photographe indépendant et n'avait pas les horaires de bureau que j'avais, de sorte qu'il pouvait la sortir dans la journée. Elle passait aussi de longues heures sur le balcon, aux vitres transparentes et au gazon synthétique, à contempler l'activité de la rue, dodelinant de la tête, scrutant les passants, aboyant parfois à la vue d'un voisin canin. Cet appartement fut un lieu d'accueil, de colocation aussi avec un couple d'amis, et de fêtes. Je me pris de passion pour l'organisation des soirées, et, le salon étant grand et le balcon immense, tous les trois mois, une soirée rassemblait tout un tas d'amis, de connaissances, d'amis d'amis... Les mots d'excuses et de demande de compréhension se succédaient dans l'ascenseur de l'immeuble, les voisins se montraient compréhensifs, et les soirées battaient leur plein. J'avais entériné l'habitude des fêtes chez moi, et bientôt toutes mes connaissances avaient pris le pli, ceux étant déjà venus revenant systématiquement. Bientôt, je ne recherchai plus d'occasions particulières pour organiser des fêtes, semblant avoir appris de ma chienne que la vie méritait à elle seule qu'on la célèbre.

Aujourd'hui encore certains amis me reparlent de « cette période » des fêtes dans cet appartement, délurées et délirantes. L'insouciance et l'optimisme nous caractérisaient alors. Tout le monde connaissait Comédie : elle en voyait défiler du monde. Je me souviens du jour où nous avions organisé un concert acoustique chez nous, divisant le salon entre scène et salle. Banjo, percussions, xylophones, guitare, harmonica... Comédie n'en perdait pas une miette, assise dans le public. Elle déclencha l'hilarité générale et la majorité des photos, lorsqu'elle vint nous rejoindre « sur scène » et but tranquillement le verre d'eau que j'avais posé à côté de mon pied de micro. Elle partageait avec nous la vie fêtarde de notre appartement, comme elle avait suivi les matchs de la Coupe du monde et nos réjouissances collectives.

Mais quelques mois plus tard, je divorçais.

Le vide laissé par celui qui reprend ses affaires et s'en va est alors *im*monde : on ne peut faire monde avec cette situation, invivable. L'appartement n'était plus le même, l'absence l'habitait. Nous étions en 2015 et je restais alors seule avec ma chienne, un peu abasourdie par la situation. Il faut préciser que simultanément j'avais démissionné de mon travail. La rupture avec tout un mode de vie fut brutale, radicale. Le lundi s'ouvrait désormais face à moi l'immensité de la semaine, et ma chienne pour seule compagnie.

Pour la deuxième fois de ma vie, elle me permit de reprendre pied avec le réel, de donner ce coup de pied au fond de la piscine et de sortir la tête de l'eau. « Allez, bouge-toi », me suggérait-elle inconsciemment. Le matin, c'est elle qui m'incitait à me lever, ses balades donnant le rythme que mes journées avaient perdu. Comme un sursaut vital, je décidai alors de passer le permis, maintenant que j'en avais le temps, et de chercher un colocataire. La joie de vivre ensemble devait revenir. Le salon ayant un canapé-lit, je commençais aussi une activité d'hôte Airbnb, qui prit un essor inespéré. Bientôt, des touristes du monde entier se succédaient à mon interphone. Lorsque je rentrais chez moi, ma chienne me faisait la fête, de la fumée s'échappait de la cuisine où des Indiens cuisinaient des mets improbables, quand ce n'était pas une odeur de bain moussant qui embaumait tout le couloir, où je ne tardais pas à croiser une Américaine en serviette de bain. À ma première colocataire succéda un de mes amis, musicien, et l'appartement reprit vie. Y rentrer était redevenu une joie, les pièces avaient leur vie propre en mon absence, et les touristes appréciaient toujours Comédie, qui figurait d'ailleurs sur l'annonce. Il n'était pas rare qu'en rentrant le soir avec mon sac de courses de la supérette, je puisse voir deux Japonais, sac à dos arrimé sur le dos, cherchant sur leur téléphone le digicode de l'immeuble. Il m'est aussi arrivé d'aller chercher, avec Comédie, des voyageurs arrivant par les bus de Roissy à la porte Maillot, pour qu'ils trouvent plus facilement le chemin de l'appartement. Ma chienne m'avait transmis la joie de l'accueil, de l'hospitalité, du partage, et la gaieté de voir des gens entrer chez soi.

Cette année, qui avait tout pour s'inscrire dans la solitude, fut marquée par le partage et la félicité. Je ne peux m'empêcher de penser qu'un animal qui célèbre votre arrivée chaque fois que vous passez la porte de votre domicile vous enseigne l'hospitalité et vous invite à apprécier davantage la joie de voir vos proches, comme celle d'héberger des inconnus.

Selon Anne Dufourmantelle, psychanalyste et philosophe : « L'hospitalité, avant d'être une pensée, est un acte. Un pur évènement. *Entre et sois le bienvenu, toi que je ne connais pas.* L'hospitalité, comme le pardon, s'adresse inconditionnellement. Elle décrit, plus qu'une figure, un espace où cet acte d'invitation peut avoir lieu.

Cet espace, je crois, est le lieu même de la pensée. Penser, c'est accueillir l'autre originairement en soi[1]. »

Les échanges, les conversations se poursuivaient dans la cuisine jusque tard dans la nuit, Comédie nous écoutant, couchée sous la table de la cuisine, avant de me suivre pour dormir dans ma chambre. Les jours voyaient les demandes parfois surprenantes de certains touristes, leurs habits fraîchement lavés séchaient sur la baignoire, et le frigo accueillait tout un tas de produits incongrus dont je ne connaissais pas même l'existence dans ma supérette. De l'exotisme, de la surprise et de l'inattendu entrèrent dans notre salon avec cette auberge de jeunesse improvisée. « Ce n'est que dans la rencontre et la reconnaissance de l'autre, en tant qu'il préexiste à moi-même, que se révèle la possibilité de la vraie hospitalité, de l'hospitalité comme joie[2] », souligne Anne Dufourmantelle. Un cahier faisait office de livre d'or dans la cuisine, de nombreux touristes m'ayant spontanément laissé des petits mots de remerciements sur des bouts de papier.

Un soir, alors que je rentrais à l'appartement, je trouvai le couple espagnol que j'hébergeais alors, paniqué : ils avaient acheté un Toblerone géant et l'avait laissé dans le salon à portée de gueule de chien... Comédie l'avait dévoré en entier, éparpillant le papier et le carton partout dans le salon. Elle gisait désormais, profondément endormie, repue, pattes étalées sur le côté, sur le balcon. Les pauvres touristes semblaient profondément ennuyés. Comédie était heureusement un chien solide, son ascendance de chien

1. « L'hospitalité : Un ravissement sans violence », *Études*, t. 408, n° 4, 2008, pp. 516-527.
2. *Idem.*

errant argentin y étant sûrement pour quelque chose. On la surveilla, mais elle était en pleine forme. Leur attention à son égard me toucha, et de nombreux passagers de notre appartement témoignèrent d'une sincère affection pour Comédie.

Aussi, en bonne gardienne des lieux, elle me servait de filtre pour les personnes, comme un videur de boîte de nuit. Quelques fois, rares mais réelles, elle se montra sceptique, m'incitant à fermer ma chambre à clé le soir, et à redoubler de précaution et de surveillance sur les hôtes. Le risque faisait partie de la démarche, mais ma chienne restait mon outil de détection surpuissant. Comme le dit Anne Dufourmantelle : « Rappelez-vous Cerbère gardant l'entrée des mondes inférieurs ou Horus pesant les âmes des nouveaux arrivants au monde des morts ; toutes les figures de gardien des seuils sont plutôt terrifiantes, elles ordonnent dans nos mythologies, notre peur du tout-autre, c'est-à-dire en premier lieu des morts et maintiennent séparés, dans une non-contamination présumée, le monde des vivants et celui des possibles revenants, des fantômes, des spectres, des errants. Car l'hospitalité est une histoire de seuil. Le seuil délimite un dedans et un dehors, il offre à penser le franchissement, mais aussi l'agression, l'invitation, l'échange, tout ce qui peut avoir lieu autour de cette frontière[1]. »

Depuis ma séparation, les amis, les connaissances, les touristes venaient facilement dormir chez moi. L'appartement s'était converti en un vaste lieu de vie partagé, que nous surnommions « le camp de base ». Parfois je ne savais même plus qui y était ou qui allait venir,

1. « L'hospitalité, une valeur universelle ? », *Insistance*, vol. 8, n° 2, 2012, pp. 57-62.

la machine à laver tournait en permanence, lavant des draps et des serviettes de toilette, dans un ronronnement rassurant et confortable. La journée j'écoutais TSF Jazz, écrivant à mon bureau, Comédie sur le balcon. Une tête passait souvent l'embrasure de la porte, me faisant le plus souvent sursauter, m'extirpant de ma concentration toute littéraire. Des touristes allaient faire des courses et me demandaient si j'avais besoin de quelque chose, mon colocataire me disait que j'avais reçu un colis, et l'appartement vivait sa vie.

« À qui va-t-on ouvrir la porte, et selon quel scénario ? Comment celui qui accueille l'étranger va-t-il pouvoir se garantir et se protéger contre la violence éventuelle du nouveau venu ? Ces questions animeront la réflexion morale de Kant, mais aussi celle de Diderot et des Encyclopédistes[1] », note Dufourmantelle.

L'hospitalité, la joie de se revoir ou celle de se rencontrer ouvraient surtout les possibles et l'espace grâce à quoi je n'existais pas seule mais devais me réjouir que l'autre fût là, qu'il vînt me voir, ou me rencontrât. Et le monde devenait alors une expérience partagée, quelque chose de commun et de cosmopolitique. Par la fête et l'hospitalité, j'avais appris à m'ouvrir davantage aux autres et surtout au présent.

1. « L'hospitalité : Un ravissement sans violence », *op. cit.*

# DEVENIR MEILLEUR

Nous rendre meilleurs, vraiment ? Comment le chien, animal donc amoral, nous transmet-il des valeurs ? Étrangement, la compagnie permanente du chien s'emploie à faire de nous des personnes, risquons le mot, plus vertueuses.

## Vivre à propos

« La vie doit être comprise en regardant en arrière. Mais il ne faut pas oublier qu'elle doit être vécue en regardant en avant. Raison pour laquelle, dans la temporalité, la vie n'est jamais vraiment compréhensible, car à aucun moment nous ne pouvons atteindre la tranquillité qui nous permette de tenir une telle position[1]. » La phrase est de Kierkegaard, philosophe danois du XIXe siècle. Notre tranquillité, dont dépend notre bonheur, serait inatteignable à cause de cette double injonction à se tenir, tel un funambule, entre des temporalités qui se croisent, se percutent, s'annihilent.

---

1. *La Répétition*, 1843.

Le chien a résolu le problème : il vit dans le présent. Les inquiétudes, les souhaits, les angoisses ne lui appartiennent pas. De même, les regrets, les ruminations, les remords, les culpabilités ne peuvent pas l'atteindre. Tout est là et seulement là. Ce mode de relation au temps, si seulement nous l'avions naturellement, changerait considérablement notre regard sur nous-mêmes et sur nos proches. Pourquoi s'inquiéter de ce qui n'est pas encore, et pourquoi se tourmenter sur ce qui n'est plus ? Notre difficulté à vivre au présent semble alors ridicule.

> Nous ne nous tenons jamais au temps présent. Nous rappelons le passé ; nous anticipons l'avenir comme trop lent à venir, comme pour hâter son cours, ou nous rappelons le passé pour l'arrêter comme trop prompt, si imprudents que nous errons dans des temps qui ne sont point nôtres et ne pensons point au seul qui nous appartient, et si vains que nous songeons à ceux qui ne sont rien, et échappons sans réflexion le seul qui subsiste. C'est que le présent d'ordinaire nous blesse. Nous le cachons à notre vue parce qu'il nous afflige, et s'il nous est agréable nous regrettons de le voir échapper. [...] Que chacun examine ses pensées, il les trouvera toutes occupées au passé ou à l'avenir. [...] Ainsi nous ne vivons jamais, mais nous espérons de vivre, et nous disposant toujours à être heureux, il est inévitable que nous ne le soyons jamais. (Pascal, *Pensées*, Laf. 47)

Les années filaient. Huit ans s'étaient déjà écoulés depuis que j'avais adopté Comédie, et je n'avais rien vu passer. J'avais bougé, voyagé, déménagé, fait de la musique, écrit, changé de métier plusieurs fois. L'instabilité – ou son revers glorieux, le changement – m'apparaissait comme constitutive de mon exercice de funambule sur le fil de la vie. Mais le temps, lui, me glissait entre les doigts. Je ne pouvais pas pleinement profiter de ce que je vivais car je me projetais continuellement dans l'après. J'anticipais les mois, les projets.

Fin 2015, je publiais mon premier livre, achevant un long travail : les semaines s'accélérèrent alors, entre signatures, évènements, conférences. Je vivais dans les trains, et Comédie dut alors repartir chez mon ex-mari, le temps de la tempête. Elle n'était plus avec moi, et me manquait, mais je ne pouvais pas faire autrement, et j'avais toute confiance en mon ex-mari pour prendre soin d'elle. C'est ainsi que démarra la mise en place d'une sorte de garde alternée du chien. Quelques mois par an, il s'en occuperait. Pendant ce temps-là, tournée vers les prochains évènements, les interviews à venir, je ne voyais rien passer. Lorsque je revenais chez moi, je croisais des touristes, parfois mon colocataire, qui, lui aussi en halte parisienne au milieu de sa tournée, faisait des machines entre deux concerts.

La frénésie abolit le temps, le raccourcit, le condense ; les jours, qui m'avaient semblé éternels ou monotones, devenaient vibrionnants, étincelants, électriques. Entre mes taxis et mes trains, entre mes dédicaces et mes conférences, je retrouvais une énergie, un mouvement qui m'avait manqué ces derniers mois alors que les concerts s'étaient arrêtés. Je repensais au concept de durée de Bergson, opposant au temps objectif un vécu bien plus personnel du temps. La durée est la perception du temps vécu, éprouvé par la conscience et elle n'a rien à voir avec le temps scientifique, homogène. Le temps, pour moi, s'accélérait, en même temps qu'il s'étirait curieusement, tant il *se passait* subitement des choses nouvelles. Et pendant ce temps, Comédie vivait toujours dans son présent.

J'avais le vertige temporel : celui qui nous donne l'impression de ne jamais vraiment coïncider avec soi-même, d'être toujours en train de marcher, la tête en avant, les fesses en arrière. De me précipiter vers un après qui finalement s'évaporait au moment d'être vécu. Ma chienne, elle, ne se posait pas ces questions, elle vivait.

L'angoisse du temps qui s'écoule ne me venait que de la crainte de mal l'agencer. Faute de pouvoir exister pleinement au présent – ce que notre conscience et nos pensées ne nous permettent que difficilement – il fallait alors, au moins, bien gérer le temps imparti.

> Suis ton plan, cher Lucilius ; reprends possession de toi-même : le temps qui jusqu'ici t'était ravi, ou dérobé, ou que tu laissais perdre, recueille et ménage-le. Persuade-toi que la chose a lieu comme je te l'écris : il est des heures qu'on nous enlève par force, d'autres par surprise, d'autres coulent de nos mains. Or la plus honteuse perte est celle qui vient de négligence et, si tu y prends garde, la plus grande part de la vie se passe à mal faire, une grande part à ne rien faire, le tout à faire autre chose que ce qu'on devrait. [...] Persiste donc, ami, à faire ce que tu me mandes : sois complètement maître de toutes tes heures. Tu dépendras moins de demain si tu t'assures bien d'aujourd'hui. Tandis qu'on l'ajourne, la vie passe. Cher Lucilius, tout le reste est d'emprunt, le temps seul est notre bien. C'est la seule chose, fugitive et glissante, dont la nature nous livre la propriété ; et nous en dépossède qui veut. (Sénèque, *Lettres à Lucilius,* I)

Pas de grand mystère ni de grand secret qu'il aurait fallu percer. Le trésor que nous avions, le seul bien en notre possession, nous n'en prenions pas soin. Considérer le temps et se réconcilier avec soi passe nécessairement par le soin que l'on met dans l'emploi de notre temps. Et surtout, faire pleinement ce que l'on fait, sans se soucier de ce qui sera ou de ce qui fut. Quand ma chienne dormait, elle dormait. Quand elle mangeait, elle mangeait. Et soudain, par l'interstice de cette phrase prononcée, Montaigne revint soudain à mes pensées. Le passage est connu, mais il illustre si bien ce que ma chienne parvenait à faire, spontanément, et ce à quoi j'échouais.

> Quand je danse, je danse ; quand je dors, je dors ; voire et quand je me promène solitairement en un beau verger, si mes pensées se sont entretenues des occurrences étrangères quelque partie du temps, quelque autre partie je les ramène à la promenade, au verger, à la douceur de cette solitude et à moi. Nature a maternellement observé cela, que les actions qu'elle nous a enjointes pour notre besoin nous fussent aussi voluptueuses, et nous y convie non seulement par la raison, mais aussi par l'appétit : c'est injustice de corrompre ses règles. [...] Nous sommes de grands fols : « Il a passé sa vie en oisiveté, disons-nous ; je n'ai rien fait d'aujourd'hui. – Quoi, n'avez-vous pas vécu ? C'est non seulement la fondamentale, mais la plus illustre de vos occupations. – Si on m'eût mis au propre des grands maniements, j'eusse montré ce que je savais faire. – Avez-vous su méditer et manier votre vie ? vous avez fait la plus grande besogne de toutes. » Pour se montrer et exploiter, Nature n'a que faire de fortune, elle se montre également en tous étages, et derrière, comme sans rideau. Composer nos mœurs est

> notre office, non pas composer des livres et gagner, non pas des batailles et provinces, mais l'ordre et tranquillité à notre conduite. Notre grand et glorieux chef-d'œuvre, c'est vivre à propos. (*Essais*, III, 13, 1588)

La plus simple des choses à faire s'avérait, comme c'est si souvent le cas, la plus difficile. Il faut voir en nos chiens nos maîtres dans ce grand et glorieux chef-d'œuvre qu'est de vivre à propos. Et je décidai alors de ne plus me torturer, ni dans mes projets, ni dans mes regrets, mais d'essayer d'être et de vivre avant toute chose.

## L'HONNÊTETÉ

> « Les chiens aiment leurs amis et mordent leurs ennemis, contrairement aux hommes qui sont incapables d'un amour pur et ne peuvent s'empêcher de mélanger l'amour et la haine dans leurs relations mutuelles. »
>
> Sigmund Freud

Tous ceux qui aiment les animaux vous le diront spontanément : l'une des grandes qualités de ceux-ci est qu'ils ne trichent pas. L'animal ne connaît pas l'hypocrisie, et sa franchise apparaît alors comme un miroir à nos faux-semblants et à nos masques. Franc, tel quel, sans filtre : l'animal ne ment pas, il ne se contorsionne pas pour plaire, et ne se laisse pas embobiner non plus. Son honnêteté nous plaît.

De la même manière, l'animal nous aime tout aussi franchement : pour ce que l'on est et non pour ce que l'on projette. Il n'a que faire de la manière dont nous nous présentons aux autres, des histoires que nous nous racontons : il nous aime pour qui nous sommes, par-delà les apparences. Avec lui, la feinte, la triche, la mascarade n'est pas possible.

Comédie m'a connue dans ma jeunesse, dans ma crédulité et les rêves encore adolescents que je projetais. Elle m'a connue musicienne, lorsque ça ne marchait pas encore, et lorsque ça marchait. Elle m'a vue entourée d'amis, parfois moins entourée et parfois radicalement seule. Elle, ne bougeait pas. Les amis s'en vont, s'éloignent, de nouveaux surviennent, les relations amoureuses vous déçoivent ou vous transportent, et pendant ce temps, votre chien, lui, demeure, comme un rempart face au chaos, un repère face aux cassures.

Alors que les autres m'ont souvent appréciée pour ce que je faisais, pour ce que je représentais, pour les personnes que je pouvais côtoyer aussi ou pour ce que mes activités professionnelles renvoyaient, ma chienne n'en avait pas la moindre idée. Un peu comme lorsqu'on se retrouve dans un pays étranger, à regarder les célébrités à la télévision ou dans la presse, et que leur statut n'a aucun impact et ne suscite aucune admiration en nous, simplement parce que nous n'avons pas la moindre idée de qui sont ces gens.

Mais comment être soi-même lorsque la vie sociale nous enferme, malgré nous, dans des rôles ? Quand est-on vraiment soi-même alors ? Qu'il s'agisse des étiquettes familiales ou professionnelles, notre identité ne peut être que multiple, fragmentée, comme un kaléidoscope qui se forme et se modifie en fonction des tâches auxquelles nous nous livrons au cours d'une même journée. La première année de vie partagée avec ma chienne, je jouais à la journaliste expatriée. Puis j'ai joué à la chanteuse, qui dénigrait les vies sages et rangées. Et aujourd'hui ? De dédicaces en conférences, n'étais-je pas en train de jouer à l'écrivain ? Était-on forcément voué à l'inauthenticité ?

Sartre, dans *L'Être et le Néant*[1], explique cette mauvaise foi dont nous témoignons, lorsque l'emporte sur notre conscience (notre être-pour-soi) une volonté de coller à la représentation d'une fonction, d'une profession. Il prend l'exemple, bien connu, d'un garçon de café qui surjoue les attentes dévolues à son rôle, et incarne la posture attendue, comme s'il n'était pas libre.

> Il a le geste vif et appuyé, un peu trop précis, un peu trop rapide, il vient vers les consommateurs d'un pas un peu trop vif, il s'incline avec un peu trop d'empressement, sa voix, ses yeux expriment un intérêt un peu trop plein de sollicitude pour la commande du client, enfin le voilà qui revient, en essayant d'imiter dans sa démarche la rigueur inflexible d'on ne sait quel automate, tout en portant son plateau avec une sorte de témérité de funambule [...]. Toute sa conduite nous semble un jeu [...]. Il joue, il s'amuse. Mais à quoi joue-t-il ? Il ne faut pas l'observer longtemps pour s'en rendre compte : il joue à être garçon de café. [...] Cette obligation ne diffère pas de celle qui s'impose à tous les commerçants : leur condition est toute de cérémonie, le public réclame d'eux qu'ils la réalisent comme une cérémonie, il y a la danse de l'épicier, du tailleur, du commissaire-priseur, par quoi ils s'efforcent de persuader à leur clientèle qu'ils ne sont rien d'autre

1. Gallimard, 1943.

> qu'un épicier, qu'un commissaire-priseur, qu'un tailleur. Un épicier qui rêve est offensant pour l'acheteur, parce qu'il n'est plus tout à fait un épicier. La politesse exige qu'il se contienne dans sa fonction d'épicier, comme le soldat au garde-à-vous se fait chose-soldat avec un regard direct mais qui ne voit point, qui n'est plus fait pour voir, puisque c'est le règlement et non l'intérêt du moment qui détermine le point qu'il doit fixer (le regard « fixé à dix pas »). Voilà bien des précautions pour emprisonner l'homme dans ce qu'il est. Comme si nous vivions dans la crainte perpétuelle qu'il n'y échappe, qu'il ne déborde et n'élude tout à coup sa condition.

Funambules que nous sommes, au bord de l'être, entre le mode d'existence des choses et celui des vivants. Mais comment ne pas tomber dans ces travers ? Selon Sartre, alors que les objets sont en eux-mêmes (ce qu'il appelle l'être-en-soi) et que l'on n'a aucune difficulté à les définir, il n'en va pas de même pour nous, les humains : notre existence va aussi varier en fonction du regard des autres et de nos actes, bien sûr, notre existence nous définissant aussi à travers ce que nous en faisons. On ne peut pas « être rien », et si notre identité nous échappe, c'est aussi parce que nous sommes libres. C'est pourquoi, on ne pourrait vraiment saisir l'être-en-soi d'une personne qu'une fois la totalité de son parcours achevé, c'est-à-dire à sa mort.

Mais l'animal ? Où se situe-t-il ? Imperméable aux fonctions sociales et au regard des autres, incapable de mauvaise foi, il serait authentique et ne subirait pas ce décalage que nous pouvons avoir entre ce que l'on est et ce que l'on donne à voir.

Le chien nous sort-il de notre mauvaise foi ? Sans doute, et peut-être qu'il perçoit même notre être-en-soi. Pas besoin d'attendre la mort pour avoir la capacité de se connaître, il suffirait alors de demander à son chien.

La première partie de l'année 2015 fut pour moi marquée par une solitude certaine : j'avais quitté l'univers de la musique, démissionné de mon travail et m'étais séparée de mon mari. *Tabula rasa.* J'écrivais, beaucoup, je terminais les dernières retouches d'un manuscrit, Comédie près de moi, au pied de mon fauteuil de bureau. Nous sortions, dans le quartier, au bois de Boulogne, je l'emmenais le plus possible avec moi à chaque occasion de sortie, et nos journées s'avéraient heureuses mais finalement étonnamment calmes par rapport à tout ce que j'avais pu vivre avant. Et puis, mon livre est sorti. Je n'ai jamais reçu autant de courriers, d'invitations, de propositions qu'alors. Le flot de connaissances et de nouveaux amis s'est amplifié, les rencontres n'arrêtaient pas, et ce tourbillon social me surprenait. C'est ce que j'appelle les paillettes, ce qui n'éclaire pas mais brille. Comédie, comme tous les animaux, se fichait complètement des paillettes, ce qui tombait bien, car moi aussi.

Surtout, le chien vous aime et vous est fidèle pour ce que vous êtes, et non pour ce que vous semblez. Les apparences ne l'interpellent pas. Faux, répondront les plus sceptiques : si le chien vous est fidèle, c'est parce qu'il a besoin de vous et que vous lui fournissez le logis et le couvert. Plusieurs études ont démontré au contraire que l'attachement au maître n'était pas corrélé avec la satisfaction des besoins d'un chien. Et qu'un chien préférait même recevoir des compliments de son maître plutôt que sa friandise préférée[1].

Quelque part, le chien aime son maître et le protège car celui-ci représente une fin en soi, et non un moyen au service d'une fin. C'est justement l'un des impératifs de la loi morale édictée par Kant : « Agis de telle sorte que tu traites l'humanité aussi bien dans ta personne que dans celle de tout autre toujours en même temps comme une fin, et jamais simplement comme un moyen[2]. » Alors que les chiens sont considérés comme des êtres amoraux, c'est-à-dire sans conscience morale, certaines études reviennent pourtant sur leur capacité à distinguer le bien du mal. En 2017, des chercheurs de l'université de Kyoto décidèrent d'évaluer le sens moral des chiens[3].

L'expérience mettait ainsi en scène le maître du chien demandant de l'aide à deux inconnus pour ouvrir une boîte : l'un l'aidant, l'autre refusant. Le chien n'acceptait pas ensuite de recevoir une friandise de la part de la personne ayant refusé d'aider son maître, allant donc contre son propre intérêt. Le psychologue James Anderson estimait que les chiens évaluaient socialement les êtres humains, en fonction de ce qu'ils jugeaient bien ou mal.

On pourrait arguer que les comportements d'entraide ou de coopération sont fréquents dans la nature, et qu'on ne peut en déduire un sens moral : mais ici, l'entraide n'implique pas le chien, et l'on ne fait pas appel à son

1. Étude britannique parue en 2017 dans *Scientific Reports*, de l'université de Portsmouth : https://www.nature.com/articles/s41598-017-12781-x
2. *Fondements de la métaphysique des mœurs*, deuxième section, 1785.
3. Étude parue dans *The New Scientist*. https://www.newscientist.com/article/2120909-monkeys-and-dogs-judge-humans-by-how-they-treat-others

intervention pour sauver ou aider un quelconque autre sujet (animal, humain) qui serait en mauvaise posture. Il s'agit bien d'une réaction à un jugement. Cette expérience prouve aussi que la considération qu'un chien porte à son maître tient bien à celle d'une personne *pour elle*, en tant que fin. À l'égard de leur maître, les chiens sont kantiens. Malheureusement, nous ne pouvons pas en dire autant de nous-mêmes : nos relations à autrui sont parfois guidées par l'intérêt, s'écartant de la loi morale kantienne. Si nous imitions les chiens pour leur honnêteté envers autrui et leur jugement désintéressé, nos rapports envers autrui seraient bien plus sains.

## De la constance

Il était temps pour Comédie et moi de quitter l'appartement et la vie parisienne. Il nous fallait dire au revoir au bois de Boulogne une fois pour toutes, lui que nous avions parcouru en tous sens et en toutes saisons, et refermer dernière nous la porte d'une vie de fêtes, de colocation et de touristes étrangers. Nous étions en 2017 et déménagions en Vendée, où je venais de trouver un poste de professeur de philosophie, et pour rejoindre celui qui venait d'entrer dans notre vie.

Comédie m'avait accompagnée pendant toute ma reprise d'études, écoutant avec moi les fichiers audio des cours de philosophie que je recevais, égayant de sa présence mes jours de travail avant les examens, me proposant souvent de jouer alors que je n'en pouvais plus des révisions. Elle m'avait vue aller et venir, donnant des cours particuliers de philosophie, et j'avais, heureusement, obtenu en même temps le permis et acheté ma première voiture : une décapotable comme j'en avais toujours rêvé. On n'était pas peu fières, au début, de rouler dedans toutes les deux, cheveux et oreilles au vent. Après l'Argentine et Paris, nous partions encore, avec nos cartons et nos souvenirs, vers une nouvelle vie.

L'euphorie m'emportait tandis que je projetais avec délice tout ce qui constituerait ce nouveau quotidien de prof et cette nouvelle vie de couple. Malheureusement, les choses ne se déroulèrent pas comme prévu.

Je dus d'abord prendre un logement à part, notamment parce que mon lycée était éloigné de là où vivait mon conjoint et surtout parce que la vie commune n'était pas encore au programme. Ce logement, visité en été avec l'enthousiasme du déménagement à venir, se révéla rapidement glauque et angoissant. Attitude symptomatique, Comédie ne voulait même pas y rester, elle semblait même apeurée d'y être et se collait à moi, anormalement, pour me suivre de pièce en pièce ou même monter les escaliers. Elle se précipitait même pour en sortir, dès qu'elle sentait que j'allais la laisser seule *là-dedans*, un comportement qu'elle n'avait jamais eu auparavant. La nuit, je peinais à m'y endormir, entendant toute sorte de bruits louches. Osons l'avouer : j'aurais été incapable d'y dormir seule, et heureusement que je pouvais alors compter sur ma chienne pour dormir avec moi. L'ambiance du logement empira, au fil des jours, de manière inexplicable. Les murs m'oppressaient et le malaise me sautait à la gorge dès que j'y entrais.

Ce logement était une petite maison de ville, vétuste et sombre, que j'avais aussi choisie pour ma chienne, car elle donnait sur un petit jardin. Comédie me semblait si apeurée d'y rester la journée, que je ne pouvais pas me résoudre à l'y enfermer lorsque je partais au lycée. Dès l'automne, et malgré les températures qui se rafraîchissaient sérieusement, je laissais alors la porte de la cuisine ouverte sur le jardin, où Comédie s'engouffrait pour m'y attendre. La conduite n'était pas mon fort, et malgré toute ma prudence ma voiture semblait étrangement m'échapper. Ce fut, d'abord, le mur d'un parking contre lequel je tapai. Erreur de débutante, me disais-je, je ne devais pas bien maîtriser le gabarit. Puis, ce fut un accrochage avec une camionnette à un carrefour : la voiture m'avait embarquée, comme un cheval qui prend la main et que l'on ne parvient pas à freiner. Cet incident, plus fort que le premier, m'inquiétait, ainsi que mes capacités à réagir. Puis, ce fut un moment surprenant où la voiture sembla accélérer toute seule, sur l'autoroute : je me surpris à considérer que les autres voitures roulaient étonnamment lentement, avant de me rendre compte, sidérée, que j'étais lancée à 180 km/h. J'essayais d'expliquer à mon conjoint que je ne m'étais rendu compte de rien, mais comment ne pas être dubitatif ? Enfin, ce fut un trajet vers La Rochelle, où Comédie m'accompagnait, et où la voiture sortit de la route pour rouler subitement sur l'herbe du bas-côté, et où j'évitai de peu un arbre, puis ma voiture se mit en travers de la route alors qu'un camion fonçait sur moi à toute allure, klaxonnant et freinant de toutes ses forces. Je ressortis effrayée de cette expérience, de même que ma chienne. J'étais désormais complètement paniquée à l'idée de prendre le volant. Cette voiture semblait me maîtriser, et me mettre chaque fois plus en danger. Surtout, je ne m'expliquais aucun de ces incidents où j'avais perdu le contrôle, et commençais à me dire que cette voiture était maudite.

Les jours se succédaient, et ma seule joie était de faire des cours de philo ou de passer du temps avec ma chienne. La vie sociale avait disparu, et les week-ends que je passais parfois seule avec ma chienne me semblaient interminables, ayant hâte d'être le lundi. Je songeais alors à tous ceux qui ne voient personne le week-end, à la solitude des personnes âgées, trouvant le temps long, alors que cela me semblait inconcevable auparavant. Parfois, en semaine, je dormais chez mon conjoint, reprenant la route aux aurores le lendemain. L'ambiance devint tendue entre nous, et, pour être honnête, j'en regrettais presque mon choix d'avoir quitté Paris.

Un matin d'octobre, alors que rien n'allait vraiment, je quittai justement le domicile de mon conjoint et pris ma voiture à 6 h 30 pour aller au lycée, embarquant Comédie avec moi, car je la déposais à mon domicile glauque avant de partir travailler. J'étais démoralisée, mes amis me manquaient, ma vie d'avant aussi. Une intense solitude me pesait toute la semaine durant. L'obscurité et la bruine nous entouraient, sur ce trajet matinal comme dans notre quotidien. Les paillettes semblaient bien loin. Et puis, peut-être par ces actes manqués dont notre inconscient semble avoir le secret, ou peut-être parce que la voiture était vraiment maudite, je ne l'ai pas vue. Je n'ai pas vu la voiture qui surgissait de la nuit face à moi, j'ai simplement pu crier. Je me souviens du choc, frontal, du bruit, effrayant, de l'impact, de l'airbag me brûlant la peau, de l'odeur qui suivit. Je me souviens des cris des gens et des aboiements de ma chienne. Il pleuvait alors des trombes d'eau, et la nuit noire semblait zébrée par les feux des voitures. Je me souviens avoir eu peur pour Comédie, qu'elle se fasse renverser sur la route, elle qui était sans laisse, qu'il fallait la rattraper, mais je ne pouvais pas parler. Je l'entendais aboyer, « tant qu'elle aboie, ça va », me répétais-je. Je me souviens de la voix sidérée d'une femme qui criait « oh non, c'est une gamine ! », parce que je portais un bombers et des baskets, et qu'elle m'avait prise pour une adolescente. Je me souviens qu'on m'a sortie de ma voiture, qui était complètement écrasée contre un mur. Les pompiers nous embarquèrent, l'autre conductrice et moi-même, sur une civière, et Comédie me regarda partir ainsi, ne pouvant pas venir avec nous. Je me souviens avoir fondu en larmes, parce que ma chienne, à cette période-là, était de nouveau mon seul soutien.

Elle fut gardée par le mari de la conductrice, qui habitait près du lieu de l'accident, et il m'assura qu'il la ramènerait à mon conjoint au plus vite. Pas de morts, juste des blessures. *Rien de grave*. Mais cet accident de voiture ne devait rien au hasard ou à la seule fatigue : je ne l'avais pas provoqué, mais il disait, malgré moi, mon envie d'en finir avec ce que je vivais, mon amertume, mon sentiment de n'avoir aucune prise pour changer les choses.

Changer les choses, voilà le souhait qui nous rend malheureux. Ma nouvelle vie s'était refermée sur moi avec l'aigreur de la déception, de l'illusion qui se dissipe, laissant place au désarroi. À l'hôpital, mon conjoint m'appelait, inquiet. Les cervicales douloureuses et le bras abîmé, je me souvenais d'Épictète, le philosophe esclave, à la jambe cassée par son maître, qui n'avait pas même bronché, selon la légende. « Attention, si tu continues tu vas la casser », se serait-il contenté de dire à son maître cruel, maîtrisant sa douleur, stoïque[1].

L'un des conseils de ce philosophe stoïcien, pour prétendre au bonheur, est de commencer par mettre de l'ordre dans nos représentations, autrement dit, dans la manière dont nous vivons les choses. Les évènements en eux-mêmes ne sont rien, ils n'ont aucun autre pouvoir sur nous que celui que nous leur donnons. La vie étant une succession d'évènements que l'on ne maîtrise pas, je ne peux conditionner mon bonheur à ceux-ci. En revanche, il m'appartient toujours de vivre les choses comme je le décide : en contrôlant mes désirs, mais aussi en acceptant ce qui est.

> Il y a des choses qui dépendent de nous ; il y en a d'autres qui n'en dépendent pas. Ce qui dépend de nous, ce sont nos jugements, nos tendances, nos désirs, nos aversions : en un mot, toutes les œuvres qui nous appartiennent. Ce qui ne dépend pas de nous, c'est notre corps, c'est la richesse, la célébrité, le pouvoir ; en un mot, toutes les œuvres qui ne nous appartiennent pas. (Épictète, *Manuel*, I)

Les chiens acceptent les choses telles qu'elles sont. Cela a sans doute un lien avec leur rapport au temps, et le fait qu'ils prennent ce qui vient *comme cela vient*, simplement parce qu'ils ne peuvent pas se tourner vers des regrets ou des inquiétudes. Mais le chien nous enseigne aussi à accepter ce qui est, lorsque nous n'avons pas d'autres recours : à quoi bon se torturer pour des désirs

1. Au sens courant, stoïque s'emploie comme synonyme d'impassible, en référence aux stoïciens, dont le nom vient de *stoa*, « portique » en grec, sous lequel ils enseignaient.

qui nous tiraillent ou des complaintes envers ce que l'on ne peut pas changer ?

Le stoïcien Chrysippe prend justement l'image d'un chien tiré par une charrette, pour expliquer cela. Nous sommes dans notre vie comme des chiens attachés et tirés par une charrette, qui avance ou s'arrête sans tenir compte de notre avis. Deux attitudes s'offrent alors à nous : nous pouvons nous plaindre, résister, gémir, et nous laisser traîner dans la boue, tandis que la charrette avance ; ou bien nous pouvons en accompagner le cours et épouser son trajet et son rythme. Dans cet automne sombre et inquiétant, ma chienne m'apprenait cela : je ne pouvais pas changer un grand nombre de paramètres dans ce qui dessinait les contours de ma vie pour les prochains mois, en revanche je pouvais arrêter de m'en plaindre et décider de la manière dont cela allait m'affecter.

Sur la civière, j'y réfléchissais. Il était temps. Si me plaindre et geindre ne résolvait rien, alors qu'est-ce qui dépendait de moi dans cette situation ? Quitter cette maison lugubre, pour commencer. Louer un garde-meuble pour mettre mes affaires et loger dans une chambre d'hôte qui accepte ma chienne. Cela me ferait en plus de la compagnie. Un retraité, Fred, et son labrador nous virent alors débarquer la semaine suivante. Lui fumait cigarette sur cigarette, et me tenait compagnie le soir pour dîner, avant que je me retire dans ma chambre avec Comédie. Je passais alors mes soirées, collée à ma chienne, à lire Leibniz pour préparer l'agrégation de philosophie – honnêtement, j'avais connu plus gai. La journée, pendant que je donnais cours, elle restait chez lui, allant et venant dans le jardin. Au moins, elle était mieux là que dans notre maison hantée, me rassurais-je. Quant à mon couple, il faut aussi savoir ce qui dépend de nous. Et quand tout semble bloqué, que l'on a tout tenté, peut-être que la seule action que l'on puisse faire est de partir. Avant Noël, le cœur crevé, je me séparais. La voiture fut bien sûr irrécupérable et déclarée « épave » par l'expertise. Ce terme me fit sourire, car c'est bien toute cette période qui avait été une épave. Il n'y avait rien à en tirer, me disais-je.

Dans sa vie, le chien dépend toujours de son maître : nous réglons tout, nous choisissons tout pour lui. Où il vit, ce qu'il mange, ce qu'il peut faire ou pas, quand il peut courir et combien de temps, même l'heure à laquelle il peut faire ses besoins ! Mais peut-être que cet apparent renoncement à la liberté, si bien illustré par la fable de La Fontaine *Le Chien et le Loup*, ne lui permet que de cultiver une plus grande liberté : celle de l'acceptation.

Accepter ce qui est, faire avec ce qui ne dépend pas de nous est, de loin, l'exercice le plus difficile qu'il nous incombe de réaliser, nous qui sommes en proie au tumulte des évènements. La constance du chien, dans sa fidélité à son maître comme dans sa joie de vivre, repose aussi sur cette grande leçon : accepte ce sur quoi on ne peut rien. De sorte que c'est à nous qu'il appartient de conformer nos désirs à l'ordre du monde, et que pour apprendre cela, une vie ne nous suffit pas.

## La joie se cultive

> « La joie n'est pas mauvaise directement mais bonne ; la tristesse, au contraire, est directement mauvaise. La gaieté ne peut avoir d'excès mais est toujours bonne ; au contraire, la mélancolie est toujours mauvaise. »
>
> Baruch Spinoza

Qui a vécu avec un chien sait que ce dernier semble tirer une joie de chaque nouveauté, de chaque action. Joyeux de sortir, joyeux de nous revoir, joyeux d'être à nos côtés, joyeux de manger : la joie paraît consubstantielle au chien. Comment un être de joie ne nous donne-t-il pas alors une leçon ? Au-delà de l'acceptation de ce qui est, la joie est visible, palpable dans le comportement du chien, et l'on pourrait s'étonner d'une telle appétence pour la vie, d'une telle force joviale en lui, alors que nous semblons affectés par mille tracas au quotidien.

Tour à tour jugée naïve, crédule, enfantine, ou comme étant le déni du malheur existant, la joie ne paraît pas sérieuse. Pourtant Spinoza nous invite à reconsidérer cet affect et nous le propose comme une voie possible vers le bonheur. Extirpant la joie de sa dévalorisation commune, Spinoza la considère au contraire comme une augmentation de notre force d'exister.

Le chien est souvent réduit à un imbécile heureux : il nous suffit de considérer les figures de chiens dans les dessins animés ou les films, pour voir en lui le personnage un peu sot qui se réjouit bêtement. Pluto ou Dingo chez Disney, Rantanplan, Droppy, Clifford ou Scooby-Doo ne sont pas des exemples d'intelligence. À l'opposé souvent du chat, sournois, manipulateur mais stratège. La joie se superpose souvent à ces critiques canines : ce serait ce qui ne considère pas la profondeur des choses mais ce qui s'extasie bêtement devant la beauté du monde ou le bonheur simple. Spinoza en propose une autre conception.

D'abord, ce qui nous rend joyeux est bon : il n'y a pas de joie stupide, et nous n'avons pas à mépriser ou craindre ce qui nous met en joie. Pour autant, on convient bien que tout ce qui nous rend joyeux n'est pas intrinsèquement bon (jeux, addictions, plaisirs faciles allant à l'encontre de la santé ou de la moralité) et il nous faut mettre en œuvre notre discernement, notre raison, pour savoir ce qu'il faut cultiver ou non, dans le but de viser une existence plus libre. Il y a ainsi des joies inadéquates, passives, qu'il faut délaisser pour cultiver des joies actives, morales. Les premières s'apparentent plus à des divertissements, ou à une certaine impuissance de notre volonté.

Ainsi nous devons, pour être heureux, tâcher de lutter contre nos « passions tristes » et accroître nos joies, car la loi naturelle qui nous gouverne vise à augmenter notre puissance vitale : et c'est bien ce que nous faisons lorsque nous sommes joyeux. Quitter la tristesse, qui nous diminue, pour la joie revient à accroître notre puissance d'agir. Ainsi, la joie, qui va du simple agrément à la jouissance, se cultive et provient de nous. Ce n'est pas le plaisir fugace ni le repli sur soi, c'est une manière d'être au monde et avec les autres. La joie, que Spinoza caractérise, dans son *Éthique*, comme « le passage de l'homme d'une moindre à une plus grande perfection », nous améliore.

Le chien est-il spinoziste ? Sûrement, car il n'éprouve pas de passions tristes, et encore moins de joies qui seraient inadéquates pour lui : il se réjouit de choses bonnes pour lui et les autres, ne connaît pas les addictions, les comportements malsains ou malveillants. Mais pourquoi est-il si compliqué de se réjouir ? Pourquoi versons-nous plus facilement dans la complainte ou râlons-nous contre ce qui fait la vie ? Comme s'il était sérieux et raisonnable de voir le mauvais versant des évènements ou du quotidien, comme si se plaindre nous donnait de l'importance ou de la hauteur, l'inquiétude semble, à tort, l'apanage de celui qui réfléchit. Le chien qui se réjouit de la promenade de quartier ou de la soirée à vos côtés n'est-il pas plus sage ? Qu'attendais-je de plus de ma vie d'alors ? Cessant de considérer ce que je n'avais plus (mon conjoint, mes amis, mes sorties) et de céder à mes passions tristes, je commençai alors par me réjouir de ce qui faisait la joie de mes journées : préparer mes cours de philosophie, voir mes élèves, apprendre, au quotidien, alors que je préparais les concours de philosophie. Il avait fallu que je regarde ma chienne plutôt que mes livres pour comprendre Spinoza. Alors la joie revint et j'eus vraiment le sentiment de persévérer dans mon être.

Je n'étais alors pas très loin de la conception de la joie que propose Bergson, qui voit celle-ci comme la résultante d'une action, comme un accomplissement. En effet, si enseigner la philosophie me rendait si joyeuse, c'était bien parce qu'il s'agissait de l'aboutissement des années d'études que j'avais reprises sur le tard, quand, autour de moi, personne n'en voyait l'intérêt. Dans *La Conscience et la vie* (in *L'Énergie spirituelle,* 1919), Bergson explique : « Les philosophes qui ont spéculé sur la signification de la vie et sur la destinée de l'homme n'ont pas assez remarqué que la nature a pris la peine de nous renseigner là-dessus elle-même. Elle nous avertit par un signe précis que notre destination est atteinte. Ce signe est la joie. » Il ne s'agit pas de dire que la joie serait automatiquement la conséquence d'une vie réussie, mais bien qu'un indice nous est donné dans l'appréciation du sens de notre vie. La joie, selon Bergson, n'est pas qu'une émotion, elle est aussi métaphysique, même si peu la voient comme telle.

De même que le chien ressent de la joie parce qu'il fait ce pour quoi il est fait, je ne m'étais jamais sentie aussi cohérente avec moi-même. Peut-être que la joie était bien le signe qu'on avait réussi ce pour quoi on était fait, le symptôme heureux d'une adéquation avec soi-même. Peu de temps après, je retrouvai mon conjoint et nous emménagions alors ensemble. Comédie et moi pûmes dire au revoir à Fred et son labrador, les remerciant pour leur hospitalité, et je n'eus plus aucun problème en conduisant, le mystère de la voiture restant entier. J'étais convaincue que 2018 serait une année pleine de joie, car la joie résidait en moi, qu'il s'agisse de mes idées ou de ma capacité à être en adéquation avec moi-même. En effet, la joie pouvait se cultiver, me suggérait ma chienne.

## La fidélité

Selon saint Thomas d'Aquin, « c'est à la fidélité qu'il revient de nous faire acquitter ce que nous avons promis[1] ». La fidélité revient d'abord à la parole donnée, et à soi-même. Elle relève d'une constance entre l'intention et l'acte, mais fournit aussi un engagement de conformité. Comment faire confiance sinon ? La confiance que l'on accorde à quelqu'un s'avère alors étroitement liée avec la fidélité de son comportement à ses paroles. De la même manière que l'on peut penser à la fidélité comme modèle de constance et de confiance, être fidèle à des valeurs, être fidèle à soi-même sont autant de voies d'expression de la fidélité comme assurance.

Pourtant, je voyais dans la fidélité un enfermement, comme si celle-ci dessinait les contours d'un corset, d'une cage, dont on serait prisonnier. Que veut dire être fidèle à soi-même sinon s'interdire de changer ? Que signifie être fidèle à des valeurs sinon refuser d'évoluer ou de revoir ses préjugés ? La fidélité à des croyances n'est-elle pas la pire pour notre jugement éclairé ? Et que dire de la fidélité à une personne : n'est-ce pas nier son changement et par là même le sien, et la possibilité de changer aussi d'appréciation ou simplement de goût ? N'a-t-on pas droit au changement ? Je me souvenais de ce fragment de Pascal : « Il n'aime plus cette personne qu'il aimait il y a dix ans. Je crois bien : elle n'est plus la même ni lui non plus. Il était jeune et elle aussi ; elle est tout autre. Il l'aimerait peut-être encore telle qu'elle était alors[2]. » Ou encore cette phrase de Sartre : « Qui donc accepterait de s'entendre dire : "je vous aime parce que je me suis librement engagé

1. *Somme théologique*, 1266-1273.
2. *Pensées*, Laf. 673.

à vous aimer et que je ne veux pas me dédire ; je vous aime par fidélité à moi-même"[1] ? »

À quoi pouvait-on être fidèle sans nier la possibilité du changement ? Pouvait-on renier notre inconstance ? Ma chienne m'apprit une tout autre vision de la fidélité.

Nous étions au printemps 2018, et je partageais ma vie avec Comédie depuis bientôt onze ans. Lorsque je vivais à Mendoza, j'avais eu la candeur de croire que j'y étais installée pour les dix prochaines années : dans cette maison, avec mon compagnon d'alors, travaillant au journal, avec les collègues, faisant chaque jour ce trajet pour y aller, voilà, ma vie d'adulte me semblait résolue à jamais. Je pouvais adopter sereinement un chien. Quelle naïveté... J'étais loin de me douter que la vie d'étudiante à Paris reprendrait quelques mois plus tard, puis que la musique, les études de philosophie, un travail de bureau, une enquête sur la souffrance animale, un livre et un divorce suivraient, agrémentés de déménagements tous les deux ou trois ans. Non, je n'avais rien envisagé de tout cela. Et voilà que j'étais désormais prof de philo en Vendée avec la sensation d'avoir vécu plusieurs vies. La seule constance, celle qui m'avait suivie dans tous ces cadres de vie et ces occupations différentes, c'était ma chienne. De ma vie en Argentine, il ne restait qu'elle. De toutes mes heures passées à étudier la philosophie, elle avait été le seul témoin. Aucun lieu n'avait subsisté, même les amis avaient changé et n'avaient pas été toujours là. Mais elle, elle était *toujours là*. Comme un phare dans les tempêtes, du champagne dans une fête, un feu de cheminée lors d'une soirée d'hiver : ma chienne avait

1. *L'Être et le Néant*, *op. cit.*

tout vu. Même l'écriture de mon premier livre, elle y avait assisté intégralement, couchée sur le tapis, à mes côtés, dans la salle à manger de la maison de campagne de mes parents. Elle était le témoin vivant de toute ma vie, et je ne pouvais dire cela de personne d'autre.

Le chien est d'abord fidèle par sa présence : il vous accompagne toute sa vie durant, et donc durant toutes les années où celle-ci couvre la vôtre. Sa vie se superpose à la vôtre, à la manière d'un calque, et votre chien se confond bientôt avec votre vécu. Ainsi, avec tous ces changements je ne pouvais pas affirmer que je savais ce que je voulais ni que je me connaissais. Je ne pouvais pas non plus présumer du futur et m'assurer de ce qui constituerait mes désirs ou mes souhaits à venir. En revanche, j'avais été fidèle à un seul évènement, à un seul engagement : celui d'avoir adopté ma chienne. Cela peut faire sourire, mais la seule expérience de la fidélité que j'avais à moi-même et à un engagement était celle-ci.

Alain Badiou évoque justement la fidélité à un évènement en tant qu'action par rapport à lui : il faut faire vivre cet évènement, le rendre vivant, et non simplement lui rendre hommage ou se souvenir de lui. Il s'agit de s'inscrire dans la conséquence de cet évènement. En s'occupant bien de son chien, en prenant soin de lui au quotidien, année après année, c'est exactement ce que l'on fait. En ce sens, l'évènement nous fait advenir et nous constitue : c'est lui qui crée le sujet. La rencontre avec ma chienne n'avait pas seulement créé un îlot d'affection et de réconfort dans ma vie, elle m'avait permis de devenir qui j'étais. Et ces conséquences faisaient pleinement partie de l'évènement. Les chiens nous vouent une aveuglante fidélité, mais nous la leur rendons clairement si nous sommes fidèles à l'évènement qu'ils ont constitué dans nos vies.

Un coup d'œil sur la décennie que je venais de vivre m'avait suffi à comprendre que rien ni personne ne durait ou ne m'accompagnait pour toujours. Les conjoints vous quittent, les grands-parents et les parents meurent, les enfants s'en vont, les amis déménagent et les relations changent : malgré ses meilleures intentions, aucun humain ne peut vous donner la certitude de vous être fidèle toute sa vie, et encore moins de vivre avec vous au quotidien toute sa vie durant, tandis que ces engagements font partie de ce que l'on pourrait appeler le « contrat de base » que vous avez avec votre chien. On pourrait objecter que le chien n'a pas le choix, qu'il n'est pas fidèle mais prisonnier. Mais c'est fortement méconnaître la relation d'un chien et de son maître, et demandez à ceux qui évoquent cette possibilité s'ils ont jamais eu un chien...

Au printemps 2018, je fus la première étonnée de découvrir deux petites lignes bleutées sur un test de grossesse. Traversant alors l'angoisse des concours de philosophie, dont je venais de passer les écrits d'admissibilité, et lisant Leibniz ou Sénèque entre deux vomissements, je luttais pour poursuivre mes cours au lycée, avec la fatigue, les insomnies et les nausées perpétuelles. Comédie semblait plus prévenante avec moi, moins exigeante, moins brusque, et durant toute la période de la grossesse elle me témoigna une étonnante tendresse. Prévenante, douce, patiente, elle s'inquiétait en me voyant malade – je le fus en permanence pendant cinq mois. Vomissant encore le matin de mon oral, et perturbée par mes nuits sans sommeil, je réussis malgré tout le concours... et fus affectée pour la rentrée dans un lycée situé à deux heures de mon domicile. La semaine sur place, évidemment, vous devinez qui me tint compagnie et qui fut un soutien indispensable lorsqu'il fallait, le dimanche soir, boucler la valise et prendre la route pour la semaine. À deux dans la voiture, Comédie à la place du passager, le bébé dans mon ventre et la valise dans le coffre, nous disions au revoir à mon conjoint.

Heureusement, le congé maternité mit fin à ce cirque, temps pendant lequel nous partagions les derniers moments de notre vie sans le bébé. Nous avions déménagé avec mon conjoint dans une grande maison en pleine campagne, et je me réjouissais que Comédie pût enfin trouver le grand jardin que je lui avais toujours promis. Depuis notre rez-de-jardin, ce n'était pas arrivé et là, enfin, elle pouvait de nouveau aller et venir à sa guise. À nos balades de quartier en ville se substituèrent des tours dans les champs, sur des sentiers en pleine nature. Quinze jours avant la date du terme de ma grossesse, mes parents vinrent chercher Comédie, car je ne pouvais pas m'en occuper ou la sortir si je partais à la maternité, et mon conjoint non plus – en tout cas, pas suffisamment ou comme je le souhaitais. Nous étions en décembre, le froid saisissait la campagne et une couverture de givre recouvrait la pelouse du jardin le matin. Je dis alors merci à ma chienne, pour tous ces mois d'accompagnement, et lui dis qu'elle reviendrait d'ici quelques semaines. Elle partit en voiture avec mes parents, dans un crépuscule doré que je n'oublierai jamais. Le lendemain, comme si l'on m'avait donné le feu vert, j'accouchais.

Lorsque Comédie revint à la maison, elle s'adapta à mes nouvelles contraintes. La vie avait changé, le monde tournait désormais autour du bébé. Moi qui m'étais toujours promis de ne jamais délaisser ma chienne au profit du nourrisson dus me rendre à l'évidence : le temps et la fatigue avaient raison de toutes mes bonnes résolutions. Comédie se montra patiente, affectueuse, discrète, comme un témoin silencieux mais complice qui comprend bien que vous atteignez vos propres limites. Je la sortais avec le landau et elle nous accompagnait à chaque promenade dans la campagne. Bientôt, je repris le travail, et cette fois-ci dus m'armer de listes pour ne rien oublier dans ce que j'emmenais dans ma voiture pour mon expédition hebdomadaire : les affaires du bébé, les miennes et celles du chien. Notre équipée sauvage, voiture chargée à bloc, me faisait sourire. La semaine, seule avec le bébé, les soirées me semblaient longues, la solitude me pesait, mais heureusement j'avais ma chienne. Grâce à elle, quelqu'un m'attendait au retour de mes cours, et je pouvais compter sur sa présence et son réconfort lors de mes baisses de moral. Elle se montrait d'une douceur incroyable avec ma petite fille, s'allongeant souvent à côté du tapis d'éveil, où les deux finissaient par s'endormir. La fidélité du chien est à toute épreuve, même quand vous n'avez plus le temps que vous aimeriez lui accorder. Pendant cette période, la frustration m'écartelait, et j'essayai simplement de faire au mieux. Ce n'était pas l'idéal, mais ce qu'il y avait de réalisable. L'été marqua une trêve et bientôt une nouvelle affectation me permit de rester à mon domicile en faisant la route, matin et soir, mais en évitant de déménager chien et bébé pour la semaine. Nos balades s'espacèrent, et lorsque l'automne arriva et que les jours raccourcirent, elles se firent sporadiques, le week-end. Je jouais beaucoup moins avec ma chienne, toujours occupée ou accaparée par le bébé. Je me consolais en me disant que ma chienne avait un jardin, et que je faisais au mieux. Sans doute Comédie l'avait-elle déjà bien compris, nous suivant allègrement de pièce en pièce avec ma fille, nous observant, restant près de nous et partageant non plus de folles aventures mais simplement la chaleur du foyer.

## Sentir

> « Ce qui me rend si agréable la société de mon chien, c'est la transparence de son être. Mon chien est transparent comme le verre. S'il n'y avait pas de chiens, je n'aimerais pas vivre. »
>
> Arthur Schopenhauer

Le chien incorpore du tactile dans notre rapport au monde mais aussi, évidemment, du flair. Il sent les gens comme il sent les choses. Son nez ne se borne pas à un odorat physique, il est aussi le lieu d'une extraordinaire intuition. Certains parleront de sixième sens, alors qu'à mon avis il ne s'agirait que d'une faculté que nous avons mise en veille, notre raison et notre esprit logique occultant les perceptions inexpliquées de notre propre flair.

Il y a bien en effet des éléments que nous percevons malgré nous, sans pouvoir nous les expliquer, et que notre raison tâche de faire taire à cause d'un manque de preuves, d'évidences, d'appuis logiques. Avant d'être qualifiée de vision extra-lucide du réel, l'intuition serait bien plus un flair instinctif, une perception olfactive qui nous permettrait de savoir quand une situation ou une personne « sent bon » ou quand « elle pue ». Le chien n'a pas ce prisme rationnel et se fie à son flair. Et il y a des personnes qui ne lui reviennent pas, qu'il *ne peut pas sentir*.

La citation de Bill Muray peut faire sourire : « Je me méfie des gens qui n'aiment pas les chiens. En revanche, je fais confiance à un chien qui n'aime pas une personne. » Le chien ne ment et ne se trompe pas. Malgré toutes les raisons objectives ou l'absence de celles-ci, les grognements de Comédie n'ont jamais été démentis...

La compagnie du chien est aussi celle d'un fidèle gardien, et Freud ne s'y était pas trompé.

> Jofie était aussi une collaboratrice fidèle, secondant, en tant que « gardien du cadre », le célèbre praticien dans son activité clinique, assistant « presque toujours, allongée aux pieds du Professeur, près du divan, aux séances d'analyse dont elle annonce la fin en aboyant et en se dirigeant vers la porte », nous confie Paula Fichtl. Plus encore, elle mettra son flair clinique au service de l'intuition de l'explorateur : « Son jugement sur les visiteurs fait autorité, même pour "son maître". Un visiteur ou un patient dont Jofie se détourne avec un reniflement machinal ou devant lequel elle se replie en grognant aura bien du mal à trouver encore grâce auprès du maître. "Qui ne plaît pas à Jofie a quelque chose de louche", disait toujours le Professeur, Paula Fichtl s'en souvient. Et, bien sûr, "Jofie avait toujours raison"[1]. »

1. Jean-Pierre Kamieniak, « Citizen Canis : Freud et les chiens », *Le Coq-Héron*, vol. 215, n° 4, 2013, pp. 96-107.

Le flair du chien semble faire écho à notre inconscient, qui pressent les intentions des gens ou les évènements à venir. Bien avant Freud et sa théorisation de l'inconscient, Leibniz évoque ces « petites perceptions » que nous avons mais dont nous n'avons pas conscience, comme si elles agissaient à un autre niveau de conscience. Pourquoi ne les perçoit-on pas consciemment ? Elles peuvent être trop petites, trop nombreuses, trop habituelles (et l'on n'y prête plus attention), ou trop unies entre elles, formant un ensemble global que l'on perçoit comme tel. Dans les *Nouveaux Essais sur l'entendement humain* (1704), il prend l'exemple du bruit de la mer, que l'on perçoit dans sa globalité, occultant les perceptions du bruit de chaque goutte d'eau qui compose celui-ci. Et lorsque nous percevons ou sentons, nous passons à côté de la complexité de tout ce qui compose un phénomène. Selon Leibniz, le bruit de la mer est pourtant le résultat d'un assemblage de toutes ces petites perceptions :

> D'ailleurs il y a mille marques qui font juger qu'il y a à tout moment une infinité de perceptions en nous, mais sans aperception et sans réflexion, c'est-à-dire des changements dans l'âme même dont nous ne nous apercevons pas, parce que les impressions sont trop petites et en trop grand nombre ou trop unies, en sorte qu'elles n'ont rien d'assez distinguant à part, mais jointes à d'autres, elles ne laissent pas de faire leur effet et de se faire sentir au moins confusément dans l'assemblage. [...] Et pour juger encore mieux des petites perceptions que nous ne saurions distinguer dans la foule, j'ai coutume de me servir de l'exemple du mugissement ou du bruit de la mer dont on est frappé quand on est sur le rivage. Pour entendre ce

> bruit comme l'on fait, il faut bien que l'on entende les parties qui composent ce tout, c'est-à-dire les bruits de chaque vague, quoique chacun de ces petits bruits ne se fasse connaître que dans l'assemblage confus de tous les autres ensemble, c'est-à-dire dans ce mugissement même, et ne se remarquerait pas si cette vague qui le fait était seule. Car il faut qu'on en soit affecté un peu par le mouvement de cette vague et qu'on ait quelque perception de chacun de ces bruits, quelque petits qu'ils soient ; autrement on n'aurait pas celle de cent mille vagues car cent mille riens ne sauraient faire quelque chose.

De même qu'avec le bruit de la mer, nous percevons les autres dans leur globalité, sans nous expliquer ou même prêter attention à ce que notre flair se charge pourtant de nous rappeler, et à côté de quoi le chien ne passe pas.

Surtout, ces petites perceptions sont déjà « chargées » de ce qui se produira, et c'est bien là où je trouvais que la perception aiguisée du chien rejoignait aussi son intuition.

> Ces petites perceptions sont donc de plus grande efficace par leur suite qu'on ne pense. Ce sont elles qui forment ce je ne sais quoi, ces goûts, ces images, ces qualités des sens, claires dans l'assemblage, mais confuses dans les parties, ces impressions que des corps environnants font sur nous, qui enveloppent l'infini, cette liaison que chaque être a avec tout le reste de l'univers. On peut même dire qu'en conséquence de ces petites perceptions, le présent est gros de l'avenir et chargé du passé, que tout est conspirant et que dans la moindre des substances, des yeux aussi perçants que ceux de Dieu pourraient lire toute la suite des choses de l'univers.

« Le présent est gros de l'avenir » : tout est bien *là* sous nos yeux, mais nous sommes bien trop collés à la vitre pour voir l'ensemble du panorama. Selon Leibniz, seul Dieu aurait une vision plus globale. Peut-être est-ce aussi le cas des chiens, et que pour cette raison *Dog* est en anglais la lecture inversée de *God*... Ils perçoivent le monde dans sa globalité, et le temps s'abolit au profit d'une appréhension plus vaste de ce qui fut et de ce qui sera, déjà encapsulé dans le présent. Comme des vigies voyant au loin les navires arriver, alors que les matelots sur le pont les ignorent encore, le chien a le flair et la prémonition que l'on a fait taire.

À l'automne 2019, je devais trouver quelqu'un pour garder ma fille, ce qui était pour moi une source d'angoisse et d'inquiétude profondes. Les craintes des nourrices maltraitantes et des bébés secoués me hantaient. Je trouvai par chance – croyais-je – une femme prête à venir garder ma fille à mon domicile. Cela m'évitait de la réveiller aux aurores pour l'emmener le matin chez la nourrice, et m'évitait aussi un trajet supplémentaire, alors que je faisais déjà trois heures de route quotidiennement. L'idéal semblait avoir frappé à la porte... Sauf que Comédie lui grogna dessus dès son entrée, au point que j'en étais gênée. Babines relevées, la chienne ne cessait les grognements, me mettant de plus en plus mal à l'aise. Pour une fois, et parce que je n'avais que cette solution de garde à domicile, et que cela nous facilitait bien les choses, je décidai donc de passer outre le flair de ma chienne... Ridicule n'est-ce pas ? Parfois, la raison l'emporte. Et tous les critères rationnels l'emportaient alors.

Le flair du chien nous invite à reconsidérer notre orgueil, notre *hubris* humaine, qui fait que notre raison, faculté reine de l'homme, nous procure l'illusion d'une supériorité. Dans cette histoire, inutile de vous dire que le flair du chien avait raison, contre tous les éléments rationnels que nous avions. Les semaines passaient, et ma fille commençait à manifester une anxiété particulière à la vue de cette femme, puis des pleurs de plus en plus forts, au point de sérieusement m'inquiéter. Comédie, elle, lui grognait toujours dessus, et jamais cette femme n'eut un geste d'affection envers la chienne (peut-être cela se comprend-il, pourrait-on penser).

Un jour, les doutes furent trop nombreux. Je décidai de faire ce qui me titillait depuis le début : mettre une caméra et enregistrer ce qui se passait en mon absence. Le soir même, alors que je commençais à regarder les vidéos, mon conjoint vit mon visage se décomposer. Ma chienne avait raison depuis le début, et nous n'avions rien voulu voir. Cette femme laissait ma fille hurler deux heures de suite dans son lit, lui criait dessus, la menaçait, la manipulait avec brutalité : j'étais sciée. Et je m'en voulus de n'avoir pas écouté le flair de ma chienne, parce qu'il y avait mille autres raisons pratiques qui avaient pris le dessus.

Le chien ne ment pas, ne triche pas et voit par-delà les apparences : il ne négocie pas avec la réalité, il la transmet avec franchise.

Peu de temps après cet épisode traumatisant, ma fille fut accueillie en crèche, et Comédie repartait pour quatre mois de garde alternée chez mon ex-mari. Comédie le retrouvait ainsi chaque année, changeant aussi d'air et d'environnement. Lorsque Comédie revint, nous étions déjà au printemps 2020, et le confinement me permit de passer du temps avec elle. Nos balades de campagne reprirent, avec ma fille, qui marchait désormais. Les signes de vieillesse de ma chienne se firent alors évidents : elle trébuchait, s'essoufflait rapidement, n'entendait plus bien, dormait beaucoup. Une balade à vélo avec elle me montra, moi qui ne voulais pas voir, qu'elle ne pouvait plus m'accompagner à ce rythme. À la fin de l'été, les premiers signes d'incontinence survinrent et, avec eux, l'inexorable se rapprochait. On se refuse à y penser, on voudrait rallonger le temps, prolonger le délai. Ma chienne m'avait toujours semblé immortelle, tant sa disparition me paraissait inconcevable. Je comprenais, avec beaucoup de douleur, que nos grandes virées à pied ou à vélo appartenaient désormais au passé et que le temps, plus que jamais, était compté.

## Pardonner

Les chiens ne font pas qu'accepter ce qui est, ils vont au-delà : ils nous pardonnent. Là encore, tous les propriétaires de chien vous le confirmeront : les chiens semblent bien faire preuve de pardon, et n'avoir aucune rancune. Quels que soient nos manquements envers eux, cela ne change rien à leur attitude : ils remettent le compteur à zéro. En cela aussi, les chiens sont des modèles de liberté et nous donnent une leçon.

Comme l'écrit si bien Hannah Arendt, dans *Condition de l'homme moderne*[1] : « Le pardon est la seule réaction

1. Calmann-Lévy, 1961.

qui ne se borne pas à réagir, mais qui agisse de façon nouvelle et inattendue, non conditionnée par l'acte qui l'a provoquée et qui par conséquent libère des conséquences de l'action à la fois celui qui pardonne et celui qui est pardonné. » C'est un acte qui libère l'offensé et l'offenseur, qui postule un recommencement possible.

Nos chiens nous pardonnent notre égoïsme, nos occupations inutiles, nos considérations humaines, nos promesses non tenues envers eux, et des conditions de vie qui ne leur sont pas idéales. Ils nous pardonnent car ils savent que l'on fait probablement au mieux, ou tout du moins que nous sommes faillibles. Comme dans le don, le par-don parie sur un retour, une attitude qui reste incertaine : nous suggérant que « la balle est dans notre camp maintenant ». Il y a ainsi dans le pardon le postulat que l'on peut se tromper, mais que l'on peut aussi s'améliorer.

Edgar Morin considère ainsi que le pardon est « un pari sur la régénération de celui qui a failli, un pari sur la possibilité de transformation et de conversion en bien de celui qui a commis le mal[1] ». Et rien ne nous permet de savoir que le pardonné s'améliorera effectivement, mais on lui en offre la possibilité.

Il n'y a aucune logique dans le pardon, puisqu'il s'apparente à un acte d'amour et même à un acte déraisonnable. Il va au-delà de la justice, de la sanction, de la vengeance, de la réparation : il est gratuit. Comme le note Max Scheler : « Le pardon est un acte positif par lequel on sacrifie librement la réparation à laquelle on a

1. « Pardonner, c'est résister à la cruauté du monde », *Le Monde des débats*, février 2000.

droit[1]. » Et peut-être est-ce notre esprit rationnel et comptable qui nous empêche de pardonner plus facilement. C'est aussi pour cela qu'il y a du miraculeux dans le pardon car il défie la logique, l'attendu. En ce sens, Derrida considère que le pardon ne s'accorde « qu'à quelqu'un qui ne le demande pas, qui ne se repent ni ne se confesse, ni ne s'améliore ou ne se rachète. [...] Le pardon, s'il y en a, ne doit et ne peut pardonner que l'impardonnable, l'inexpiable – et donc faire l'impossible[2] ». Ainsi, le pardon serait sans condition et cette définition frôle une vertu que peu d'entre nous sont capables de mettre en œuvre. Curieusement, les chiens en sont capables.

Ma chienne m'a toujours accueillie avec la même joie, son attention et son affection envers moi n'ont jamais oscillé, quelle que soit mon attitude. Je ne peux pas en dire autant des humains. On pourra toujours arguer que le chien ne pardonne pas mais qu'il aime tant son maître que le fait même de lui en vouloir lui est étranger. On pourrait dire aussi que le chien battu ne pardonne pas à son maître, mais que son comportement canin l'oriente de sorte à préférer la vie avec celui-ci, s'apparentant à une meute, plutôt que délaissé par lui. On substituerait le comportement biologique à la vertu morale.

Peut-être, pour autant les chiens ont bien une mémoire et identifient clairement nos comportements, ils sont aussi capables de les évaluer moralement. Le chien n'oublie pas, il n'est pas non plus obnubilé par son maître,

---

1. *L'Homme du ressentiment*, Gallimard, 1933.
2. *Pardonner,* Galilée, 2012.

simplement il agit comme si nos actions passées ne nous définissaient pas totalement.

Selon Arendt, la promesse et le pardon sont les deux conditions pour sauver notre liberté et rendre les relations humaines possibles. La promesse nous préserve, nous confère des îlots de sécurité, quand le pardon nous délivre des conséquences de nos actes passés, levant le ressentiment, et nous offrant « la rédemption possible de la situation d'irréversibilité ». Celui qui pardonne offre une chance à l'offenseur mais aussi à la liberté humaine.

> Si nous n'étions pardonnés, délivrés des conséquences de ce que nous avons fait, notre capacité d'agir serait comme enfermée dans un acte unique dont nous ne pourrions jamais nous relever ; nous resterions à jamais victimes de ses conséquences, pareils à l'apprenti sorcier qui, faute de formule magique, ne pouvait briser le charme. Si nous n'étions liés par des promesses, nous serions incapables de conserver nos identités ; nous serions condamnés à errer sans force et sans but, chacun dans les ténèbres de son cœur solitaire, pris dans les équivoques et les contradictions de ce cœur - dans des ténèbres que rien ne peut dissiper, sinon la lumière que répand sur le domaine public la présence des autres, qui confirment l'identité de l'homme qui promet et de l'homme qui accomplit. Les deux facultés dépendent d'autrui, car nul ne peut se pardonner à soi-même, nul ne se sent lié par une promesse qu'il n'a faite qu'à soi ; pardon et promesse dans la solitude ou l'isolement demeurent irréels et ne peuvent avoir d'autre sens que celui d'un rôle que l'on joue pour soi. (Arendt, *Condition de l'homme moderne*)

Observant Comédie, réfléchissant à la facilité avec laquelle elle se libérait des entraves que nous nous mettons, je comprenais bien que les chiens n'étaient pas seulement des modèles de joie de vivre et d'honnêteté mais aussi de liberté. Alors que le temps nous était compté avec Comédie, je n'en pris étrangement pas la mesure. Parce que sa perte, sans doute, s'avérait inconcevable.

Les semaines se succédaient, je lui donnais un traitement contre son incontinence, qui semblait lui convenir. Nous partions le matin, ma fille lui glissant toujours un « au revoir Coco ! » avant de partir avec moi, et je la retrouvais en fin d'après-midi. Il n'y avait que deux jours dans la semaine où je rentrais le soir, et cela me chagrinait profondément, me disant qu'elle devait s'ennuyer. Mais, cet automne-là, elle dormait la majeure partie de la journée. Le mercredi, alors que je restais chez moi, elle ne pouvait maintenant plus m'accompagner à l'étage dans mon bureau, se contentant de me regarder monter, avant de reposer sa tête au sol, entre ses pattes. Nous faisions nos balades autour de la maison, elle n'entendait alors plus ma voix, et je frappais dans mes mains pour l'appeler. Parfois, je tenais à l'emmener en forêt et prenais pour cela la voiture, mais rapidement cela devint compliqué car elle était systématiquement incontinente. Alors, pour pouvoir la changer d'air, je m'armais d'un kit de nettoyage, d'une housse pour les sièges, et nous avons même expérimenté la couche pour chien. Mais, bientôt, ses pattes arrière s'affaissèrent de plus en plus régulièrement, la forçant à se traîner ou l'empêchant de se relever. Après une période d'accalmie, l'incontinence revint, plus fortement.

Il fallait voir ce que je refusais : le temps qu'il nous restait se comptait désormais en journées. Je m'en suis beaucoup voulu de ne pas avoir consacré davantage de temps à ma chienne sur sa dernière année, repensant en boucle à toutes les occasions où j'aurais pu la sortir, où j'aurais dû jouer avec elle, conjuguant tout notre vécu au conditionnel passé.

La capacité de pardon des chiens semble nous inviter à plus d'indulgence avec nous-mêmes et, surtout, elle nous apprend aussi à nous pardonner. Aux questions que je me posais, me torturant l'esprit, les réponses s'avéraient évidentes. Comédie avait un grand jardin, certes, mais tout de même, pourquoi ne l'avais-je pas promenée dans la campagne le matin avant de partir et le soir à mon retour ? Je ne comprenais pas, avant de me rendre compte que la réponse était simple : d'octobre à mars, il faisait nuit noire et nous n'avions pas d'éclairage public à la campagne. Pourquoi n'avais-je jamais fait de footing avec elle, dans la campagne où nous vivions ? Simplement parce que nous avions emménagé alors que j'étais enceinte de sept mois, qu'après j'avais un bébé à charge en permanence avec moi et que, lorsque j'avais pu confier ma fille à la crèche, Comédie ne courait plus. Pourquoi n'étions-nous pas allées plus souvent en forêt ensemble ? Parce que la poussette ne passait pas sur les chemins forestiers et que mes problèmes de dos m'empêchaient alors d'emmener ma fille en porte-bébé avec nous. À chaque regret que je formulais, je m'apercevais bientôt qu'il y avait des explications simples, tenant au fait que je ne pouvais pas faire plus à ce moment-là. « Sinon tu l'aurais fait », me confiait mon conjoint, pour me rassurer.

Il est bien inutile de se juger *a posteriori* avec le regard et la conscience du maître qui a perdu son chien : bien évidemment que si, aujourd'hui, Comédie repassait le seuil de ma maison, je passerais ma journée à m'occuper d'elle. Mais lorsque nous sommes immergés dans le quotidien, cela ne se passe pas ainsi. On fait simplement du mieux qu'on peut, avec les contraintes qui sont les nôtres – et cela vaut aussi pour nos rapports avec les humains. Cela ne change en rien l'amour qu'on leur porte. « Mais on ne peut pas non plus dédier sa vie à son chien, et ce n'est pas non plus ce que lui souhaiterait », me confiait ma mère. Aujourd'hui j'essaye de me pardonner, et de ne pas m'en vouloir pour des détails. Au début de l'année 2021, notre vie s'est ainsi poursuivie, la sénilité s'accentuant chez Comédie. Comment ai-je pu refuser délibérément de voir l'échéance se rapprocher ? Simplement parce que cela ne m'était pas supportable.

## L'AMOUR INCONDITIONNEL

« C'est une adorable créature, extraordinairement intéressante, aussi en tant que bonne femme, joueuse, impulsive, câline, intelligente et pourtant moins dépendante que ne le sont les autres chiens. On ne peut s'empêcher de respecter de telles âmes animales[1] », confie Freud en 1930 à Lou Andréas Salomé, à propos de sa chienne Jofie.

« Une âme respectable » est un beau descriptif de ce qu'est le chien. Il mobilise en lui des qualités que nous

1. Kamieniak, « Citizen Canis : Freud et les chiens », *op. cit.*

n'atteindrons peut-être jamais et réussit naturellement tout ce sur quoi nos efforts d'humains semblent buter. Là où nous sommes égoïstes, le chien est altruiste, là où nous mentons, il est honnête, là où nous trompons, il est fidèle, là où nous sommes craintifs, il est confiant, là où nous oublions de vivre, il profite du présent, et là où nous gémissons, il accepte. Le chien est un esprit libre et heureux, qui nous transmet son amour inconditionnel pour la vie et pour celui qui l'accompagne. Pas de comptes, pas de regrets, pas de dettes : le chien aime sans condition et pour toujours.

Schopenhauer ne s'y était pas trompé. Le philosophe, connu pour sa misanthropie, vouait un amour particulier à son caniche, Atma, à qui il dédia l'un de ses rares poèmes, mais aussi son héritage. « Je ne m'étonne pas qu'on calomnie les chiens : – trop souvent hélas ! l'homme n'a qu'à rougir devant le chien », peut-on lire sous sa plume. Lorsqu'on se penche sur tous les enseignements que nous transmet le chien, on ne peut qu'acquiescer.

Le printemps 2021 pointa le bout de son nez, et je savais, sans vouloir me l'avouer, que Comédie ne verrait pas l'été. C'est alors qu'elle m'enseigna la dernière leçon, et la plus difficile qu'il nous soit de recevoir.

Épictète nous conseille de « traiter les objets comme s'ils nous étaient prêtés ». Alors que nous poursuivons nos vies comme si tout était acquis, nous oublions la mort et la perte.

> Ne dis jamais à propos d'une chose : « je l'ai perdue », mais « je l'ai rendue ». Ton enfant est mort ? Il a été rendu. Ta femme est morte ? Elle a été rendue. Ton champ t'a

> été pris ? Cela aussi a été rendu. [...] Aussi longtemps qu'ils te sont donnés, prends soin de ces biens comme s'ils appartenaient à autrui, ainsi que font les voyageurs dans une hôtellerie. (Épictète, *Manuel*, XI)

Mais comment accepter l'inacceptable ? Comment supporter la perte définitive, irrévocable ? Alors que je tâchais d'enseigner les préceptes stoïciens à mes élèves, j'allais devoir m'y confronter, avec toute mon impuissance.

Les journées de Comédie ne lui offraient plus de réjouissance et poursuivre ainsi sa vie n'aurait été alors qu'un acte égoïste. Il me fallait la rendre. L'euthanasie est alors peut-être le dernier acte d'amour que l'on réalise pour son chien. Le rendez-vous chez le vétérinaire fut pris, et le lendemain la dernière journée arriva. Je me souviens avoir couru le matin, écoutant *The Wonder of You*, d'Elvis Presley, dans mon casque, entendant ses paroles comme si elles étaient destinées à ma chienne.

*When no-one else can understand me*
*When everything I do is wrong*
*You give me hope and consolation*
*You give me strength to carry on*
*And you're always there to lend a hand*
*In everything I do*
*That's the wonder*
*The wonder of you*

J'avais un rendez-vous en visioconférence avec un éditeur. Comédie me regarda monter dans mon bureau, avant de se rendormir. Il était 14 heures. Ce rendez-vous que j'avais attendu me semblait désormais sonner le glas du temps imparti, et j'aurais aimé qu'il n'arrivât jamais. Lorsque je redescendis, il était 15 heures. Il nous restait une heure avant de partir chez le vétérinaire. J'invitai Comédie à me suivre pour faire une dernière balade autour de la maison. Elle me suivit avec joie, marchant avec difficulté. J'aurais pu faire durer cette promenade, mais le cœur n'y était pas. On rentra et Comédie s'endormit de nouveau profondément sur le tapis, paisiblement. Comment était-il possible que ce soir elle ne soit plus là ?

Et là, j'aurais pu lui faire des câlins, l'embrasser, m'allonger à côté d'elle... Mais, comme pour conjurer ce qui nous attendait, je fis une tarte. Une putain de tarte. Moi qui ne cuisine jamais, quelle idée ! Il était maintenant 16 heures. Je pris son carnet de santé, mon conjoint ouvrit la porte, elle nous regarda se demandant, les oreilles en point d'interrogation, si l'on partait en balade, et vint joyeusement lorsque je lui fis signe de me suivre. Et c'est ainsi que Comédie sortit de la maison, pour la dernière fois, et que je partis la rendre, comme dit Épictète – fichu Épictète – au Ciel qui m'avait fait l'honneur de me la confier pendant ces treize années et demie.

« Tout est bien », furent les derniers mots présumés de Kant. C'est aussi ce qui me vint à l'esprit lorsque le vétérinaire nous murmura que c'était fini et que tout le chagrin du monde s'abattit radicalement sur moi, comme si je venais de comprendre.

On ne dit pas assez l'ampleur du gouffre qui s'ouvre sous nos pieds lorsque notre chien nous laisse et lorsqu'il referme pour toujours ses grands yeux pleins d'amour. Dans un monde brutal et une vie qui ne nous ménage pas, le chien est un rempart contre la méchanceté ou la tristesse. Il nous fait le cadeau inouï de nous aimer sans nous juger, sans condition. Avant d'avoir un enfant, c'est bien ma chienne qui m'apprit à aimer inconditionnellement, à la faire passer avant moi, à penser à elle plutôt qu'à ma petite personne. Comédie partit, emportant avec elle treize ans et demi de ma vie. J'eus l'impression qu'on venait de m'enlever une partie de moi. Mon binôme à quatre pattes n'était plus là, me soufflant qu'il allait falloir que je me débrouille toute seule maintenant. « Parce que maintenant, je t'ai montré, tu sais. »

Comme le note la journaliste et spécialiste des loups, Elli H. Radinger : « Nous qui aimons les chiens, nous le payons tous. Le prix est cet amour envers un être vivant dont la vie est beaucoup plus courte que la nôtre[1]. » La perte est prévisible, obligée, mais cela n'enlève rien à la douleur qu'elle provoque. Comédie a habité avec moi pendant plus de treize ans, ce que n'a jamais fait aucun humain. Elle a vécu toutes les étapes et les changements qui font de moi ce que je suis devenue aujourd'hui. Plus qu'une amie, ce fut une partenaire de vie, un copilote. Et lorsque j'avais enfin trouvé ma voie et que j'étais installée dans ma vie, elle s'en alla, sans doute parce que sa mission était accomplie.

Son absence me plongea alors dans une sidération que je n'avais nullement anticipée, la vie se craquelait, le sol s'ouvrait sous mes pieds. J'en vomis toute la nuit, le corps noué et l'esprit abasourdi. Le lendemain, alors que mon conjoint creusait courageusement la tombe de Comédie dans le jardin, je finis, épuisée, par m'endormir au son des coups de pelle. Soudain, j'entendis dans le salon le

1. *La Sagesse des vieux chiens*, Guy Trédaniel, 2020.

bruit de quatre petites pattes marcher en direction de ma chambre, suivi du couinement de sa voix, celui qu'elle faisait lorsqu'elle s'impatientait pour qu'on lui ouvre une porte ou qu'on lui donne à manger. Je l'entendis avec une incroyable précision, écarquillant les yeux et me levant d'un bond hors du lit. Peut-être le désespoir provoque-t-il ce genre d'hallucination auditive. Mais j'aime à croire que ma chienne m'assurait alors, une dernière fois, qu'elle serait toujours à mes côtés. L'amour inconditionnel a un prix, celui que l'on appelle l'art de perdre.

## *One Art*, Elizabeth Bishop[1]

*The art of losing isn't hard to master;*
*so many things seem filled with the intent*
*to be lost that their loss is no disaster.*

*Lose something every day. Accept the fluster*
*of lost door keys, the hour badly spent.*
*The art of losing isn't hard to master.*

*Then practice losing farther, losing faster:*
*places, and names, and where it was you meant*
*to travel. None of these will bring disaster.*

*I lost my mother's watch. And look! my last, or*
*next-to-last, of three loved houses went.*
*The art of losing isn't hard to master.*

*I lost two cities, lovely ones. And, vaster,*
*some realms I owned, two rivers, a continent.*
*I miss them, but it wasn't a disaster.*

*– Even losing you (the joking voice, a gesture*
*I love) I shan't have lied. It's evident*
*the art of losing's not too hard to master*
*though it may look like (*Write *it!) like disaster.*

1. *The Complete Poems,* 1926-1979.

## *L'Art*[1]

*Dans l'art de perdre il n'est pas dur de passer maître ;*
*tant de choses semblent si pleines d'envie*
*d'être perdues que leur perte n'est pas un désastre.*

*Perds chaque jour quelque chose. L'affolement de perdre*
*tes clés, accepte-le, et l'heure gâchée qui suit.*
*Dans l'art de perdre il n'est pas dur de passer maître.*

*Puis entraîne-toi, va plus vite, il faut étendre*
*tes pertes : aux endroits, aux noms, aux lieux où tu fis*
*le projet d'aller. Rien là qui soit un désastre.*

*J'ai perdu la montre de ma mère. La dernière*
*ou l'avant-dernière de trois maisons aimées : partie !*
*Dans l'art de perdre il n'est pas dur de passer maître.*

*J'ai perdu deux villes, de jolies villes. Et, plus vastes,*
*des royaumes que j'avais, deux rivières, tout un pays.*
*Ils me manquent, mais il n'y eut pas là de désastre.*

*– Même en te perdant (la voix qui plaisante, un geste*
*que j'aime) je n'aurai pas menti. À l'évidence, oui,*
*dans l'art de perdre il n'est pas trop dur d'être maître*
*même si il y a là comme (écris-le !) comme un désastre.*

---

1. Elizabeth Bishop, *Géographie III*, traduction de Alix Cléo Roubaud, Linda Orr et Claude Mouchard, Circé, 1991.

# Épilogue
# LES MOMENTS ÉTERNELS

« Voudrais-tu ceci encore une fois et d'innombrables fois ? » La question est de Nietzsche, dans le paragraphe 341 du *Gai Savoir* : si se présentait à nous la possibilité de revivre notre vie, dans ce qu'elle a de grand comme de douloureux, un nombre infini de fois, l'accepterions-nous ?

La vie avec un chien est faite de contraintes, de concessions, d'obligations et de soucis. Pendant les années que j'ai partagées avec Comédie, je m'en suis parfois plainte, et notre cohabitation a souvent restreint ma liberté de choix ou d'action. Je me souviens des crochets que je devais faire par mon domicile pour la sortir, des retours anticipés chez moi, alors que je serais bien restée à une soirée, des casse-tête pour les vacances ou les voyages : je n'oublie pas ces aspects. Je me souviens des précautions excessives qu'il fallait prendre lorsque mon bébé dormait, pour éviter que Comédie ne se mette brusquement à aboyer après un chat qui passait dans le jardin, et de ses aboiements parfois pesants lorsque je revenais d'une rude journée avec une migraine. La vie avec un chien est aussi un poids, ne pas le reconnaître serait irréaliste ou malhonnête. Quant à son décès, c'est une douleur qui ne se résorbe pas, une plaie qui cicatrise mais que l'on garde avec soi. Certains, manquant de tact, vous diront alors que « ce n'était qu'un chien », sans prendre la mesure de la connivence et du lien si particulier que vous aviez avec lui. Le deuil d'un chien peut ainsi s'avérer plus difficile que celui d'un humain, car c'est avant tout la perte d'un membre de la famille.

Alors, aimerais-je revivre *tout cela*, si j'en avais le choix ?

Incontestablement oui. Aimer la vie comme si nous devions la revivre indéfiniment : c'est l'étrange hypothèse que nous invite à considérer Nietzsche dans sa conception de l'éternel retour :

> Que dirais-tu si un jour, si une nuit, un démon se glissait jusque dans ta solitude la plus reculée et te dise : « Cette vie telle que tu la vis maintenant et que tu l'as vécue, tu devras la vivre encore une fois et d'innombrables fois ; et il n'y aura rien de nouveau en elle, si ce n'est que chaque douleur et chaque plaisir, chaque pensée et chaque gémissement et tout ce qu'il y a d'indiciblement petit et grand dans ta vie devront revenir pour toi, et le tout dans le même ordre et la même succession - cette araignée-là également, et ce clair de lune entre les arbres, et cet instant-ci et moi-même. L'éternel sablier de l'existence ne cesse d'être renversé à nouveau - et toi avec lui, ô grain de poussière de la poussière ! » - Ne te jetterais-tu pas sur le sol, grinçant des dents et maudissant le démon qui te parlerait de la sorte ? Ou bien te serait-il arrivé de vivre un instant formidable où tu aurais pu lui répondre : « Tu es un dieu, et jamais je n'entendis choses plus divines ! » Si cette pensée s'emparait de toi, elle te métamorphoserait, faisant de toi tel que tu es, un autre

> être, et peut-être t'écraserait. La question posée à propos de tout et de chaque chose : « Voudrais-tu de ceci encore une fois et d'innombrables fois ? » pèserait comme le poids le plus lourd sur ton action ! Ou combien ne te faudrait-il pas témoigner de bienveillance envers toi-même et la vie pour *ne désirer plus rien* que cette dernière éternelle confirmation, cette dernière éternelle sanction ? (*Le Gai Savoir*, IV, § 341, 1882)

La vie est un tout : nous sommes insatisfaits, vulnérables, mortels, et confrontés à la souffrance. Or, il faut aimer la vie dans sa totalité, et l'aimer au point de pouvoir en vouloir l'éternelle répétition. Nietzsche nous adresse ici un pari : serait-on prêts à tout recommencer de la même manière ? Il nous faut aimer la vie telle qu'elle est, dans son contraste et ses manquements, au point de vouloir recommencer. C'est cet amour de la vie, global, qui nous conduit au bonheur. Il s'agit d'acquiescer, d'embrasser la vie, sans résignation. Cet amour, c'est l'*amor fati* : l'amour du destin. Le poids de notre action résonne alors différemment : comme si ce que je faisais je l'aimais au point de toujours le refaire – il est donc lourd. Mais c'est aussi une invitation à savourer ce que nous vivons, ici, maintenant, sans reporter nos espérances sur un hypothétique futur qui serait meilleur.

Les années passées en compagnie de Comédie sont de cette teneur-là : elles n'ont pas toujours été faciles, et la vie nous a réservé bien des surprises. Mais je les revivrais telles quelles sans hésiter. De même, si nous étions de nouveau en 2007 en Argentine et qu'il fallait signer pour ces treize ans partagés avec ma chienne, sachant ce qui m'attend, je le referais.

Après le décès de Comédie, alors que je me plongeais dans les photos de mes souvenirs heureux avec elle, mon conjoint me glissa : « Ces moments sont éternels. » Je le crois aussi. Ils n'appartiennent plus au temps, ne sont pas inscrits dans le passé, mais dans une mémoire vivante du lien qui m'unira toujours à ma chienne. J'avais l'impression que Comédie emportait avec elle une partie de ma vie, alors qu'en réalité, c'est moi qui garde une partie d'elle en vie.

Je me souviens de nos virées en canoë sur la Loire, de nos traversées en barque sur le lac du bois de Boulogne. Je me souviens de mes chaussettes déchiquetées lorsqu'elle était un chiot. De la passion qu'elle vouait aux bouteilles en plastique vides, qu'elle secouait dans tous les sens. Je me souviens de la tête offusquée des passants qui se retournaient subitement lorsqu'elle leur sentait les fesses dans la rue. Je me souviens qu'en arrivant en Vendée, je pris possession de notre petite ville grâce à ma chienne. Alors que je m'y sentais étrangère lorsque j'y avais marché sans elle, tout était devenu étonnamment familier grâce à nos promenades. Je me souviens de ses cris de joie quand elle sautait sur mon lit, et de son museau qui surgissait de dessous la table pour quémander du fromage. Je me souviens de nos voyages en train où elle disparaissait sous mon siège, provoquant la stupeur des voyageurs lorsqu'elle en sortait. Je me souviens de ses oreilles au vent dans ma décapotable, et de ses positions acrobatiques lorsqu'elle dormait les pattes en l'air sur le canapé. Je me souviens de nos câlins, de nos coups de folie, et de ses courses effrénées à mes côtés, dans les descentes à vélo. Je me souviens qu'elle reconnaissait le scooter de mon compagnon dans la rue, parmi tous les bruits des autres véhicules, et qu'elle ne s'est jamais trompée. Je me souviens qu'une fois, en train, elle était descendue sur le quai à Reims, alors que ce n'était qu'un arrêt, et que je l'ai récupérée *in extremis*. Je me souviens qu'elle se couchait près de moi sur le tapis de la salle de bains, lorsque je prenais mon bain. Je me souviens qu'elle mangeait la madeleine que ma fille laissait traîner le matin au petit déjeuner. Je me souviens que le soir, au moment des histoires, elle m'apportait toujours son jouet couinant pour m'inviter à partager l'une des dernières choses que l'on pouvait encore faire à deux. Elle m'accompagnait ensuite, immanquablement, pour le coucher de ma fille dans sa chambre. Je me souviens de mille choses encore, dont certaines sont inénarrables, et de tous ces sons venus du chien et qui faisaient partie de notre quotidien, et lorsque j'ouvre la porte de la cuisine, je suis toujours surprise de ne pas entendre ses griffes sur le pas de la porte.

« *Nadie te quita lo bailado* », dit avec justesse un proverbe argentin, « personne ne peut t'enlever ce que tu as dansé ». Le pays de la mélancolie et de la psychanalyse a donc acté que rien ni personne ne pouvait nous enlever les moments heureux. « Elle souriait tout le temps. C'était que de l'amour, ce chien », me confia mon conjoint après l'avoir enterrée.

Qu'est-ce qu'une vie réussie ? Nous qui courons après l'argent, l'amour, le succès, l'épanouissement, que faudrait-il atteindre ? Ralph Waldo Emerson, philosophe et écrivain américain, a répondu de manière lapidaire à cette question, la complexité n'étant pas toujours nécessaire :

> Rire souvent et sans restriction ; s'attirer le respect des gens intelligents et l'affection des enfants ; tirer profit des critiques de bonne foi et supporter les trahisons des amis supposés ; apprécier la beauté ; voir chez les autres ce qu'ils ont de meilleur ; laisser derrière soi quelque chose de bon, un enfant en bonne santé, un coin de jardin ou une société en progrès ; savoir qu'un être au moins respire mieux parce que vous êtes passé en ce monde ; voilà ce que j'appelle réussir sa vie.

Comédie avait appliqué, sans le savoir, ces principes à la lettre.

Ma chienne m'a plus appris que tous mes livres de philosophie réunis. J'ai grandi, à son contact, je me suis décentrée de moi-même, et j'ai surtout vu la vie autrement. Quelque part, je suis sortie du milieu humain pour apercevoir, ou parfois toucher du doigt, l'*umwelt* du chien, pour reprendre le mot de Jakob von Uexküll. J'ai appris à laisser de côté la raison pour lui préférer l'intuition, à faire taire les regrets et les inquiétudes, pour valoriser le présent, et à ne pas m'attarder sur des détails mais à aimer ce qu'il m'était donné de vivre, dans sa globalité. Face à son absence, j'ai aussi appris qu'« il n'y a qu'un remède à l'amour : aimer davantage[1] ».

La philosophie n'est pas sérieuse lorsqu'elle se cantonne aux livres, aux thèses ou aux traités érudits. Elle manque sa raison d'être lorsqu'elle se laisse enfermer dans

---

1. Henry David Thoreau, *Journal.*

les bibliothèques ou les éditions poussiéreuses réservées à une élite. Par amour pour cette discipline, j'avais fait de la transmission de la philosophie mon métier, mais j'avais manqué l'essentiel : son application au quotidien. Tandis que je restais plongée dans mes études, mon concours, puis mes cours, ma chienne, l'air de rien, me montrait le chemin.

Dans *Walden ou la Vie dans les bois* (1854), un éloge de la nature parfois moins connu que celui qu'il fait de la désobéissance civile, le philosophe américain Henry David Thoreau écrit : « Être philosophe ne consiste pas simplement à avoir de subtiles pensées, ni même à fonder une école, mais à chérir assez la sagesse pour mener une vie conforme à ses préceptes, une vie de simplicité, d'indépendance, de magnanimité et de confiance. » Le chien ne se contente pas de nous accompagner, il nous apprend à vivre. Le maître n'est alors pas celui que l'on croit.

# Table des matières

ISBN : 978-2-603-02927-5

Couverture : Léa Larrieu
Direction éditoriale : Michel Larrieu
Édition : Jeanne Cochin
Préparation : Monika Gabbay
Correction : Bruno Vandenbroucque
Fabrication : Bénédicte Gerber

Réalisation : Nord Compo à Villeneuve-d'Ascq
Achevé d'imprimer en juillet 2022
sur les presses de La Nouvelle Imprimerie Laballery à Clamecy
Dépôt légal : mars 2022. N° 150247-3 (207406)
Imprimé en France